Frederik Hetmann
Bis ans Ende aller Straßen

Frederik Hetmann

Bis ans Ende aller Straßen

Die Lebensgeschichte des Jack Kerouac

BELTZ
& Gelberg

Frederik Hetmann (d.i. Hans-Christian Kirsch) wurde 1934 in Breslau geboren. Er lebt als freier Schriftsteller in Nomborn (Westerwald) und veröffentlichte Romane, Jugendbücher und Sachbücher, darunter die im Programm Beltz & Gelberg erschienene Geschichte der Rosa Luxemburg und ihrer Zeit, *Rosa L., Drei Frauen zum Beispiel,* die Lebensgeschichte der Simone Weil, Isabel Burton und Karoline von Günderrode, den Bericht *Georg B. oder Büchner lief zweimal von Gießen nach Offenbach und wieder zurück* und die Geschichte einer Liebe, *Bettina und Achim.*
In der Reihe Biographie erschienen außerdem die Lebensgeschichte der Elisabeth Langgässer *Schlafe, meine Rose* sowie *So leicht verletzbar, unser Herz,* die Lebensgeschichte der Sylvia Plath. Für seine *Amerika Saga* erhielt er 1965, für sein Buch über Ernesto »Che« Guevara, *»Ich habe sieben Leben«,* 1973 den Deutschen Jugendbuchpreis.

Lektorat Cornelia Krutz-Arnold

Einband und Reihenlayout von Willi Glasauer
Gesetzt mit der 10 Punkt Times
auf der Linotron 300
Gesamtherstellung Druckhaus Beltz, 6944 Hemsbach
Printed in Germany
ISBN 3 407 80689 2

Inhalt

On the Road (»Unterwegs«) – ein Roman erscheint 7

Die lange Straße hinauf

Kindheit 26
Ein schüchterner Footballspieler oder die Kleinstadt und die City 31
Student, Matrose, Soldat, verrückt 40
Ein Mord und ins Gefängnis 47
Neal Cassady oder das andere Ich 54
Das Glück auf der Straße oder acht Bücher in sieben Jahren 67
Ein wandernder Bhikku oder der Prophet der Beat-Generation 72

Die kurze Straße hinab

Die Depression von Big Sur oder der Anfang vom Ende 79
Am Ende der Straße 87

Ein Blick zurück, die lange Straße entlang

Woran ist Jack Kerouac gescheitert? 95
Was bleibt von Jack Kerouac? 99

Zeittafel 104
Quellenverzeichnis 107
Bibliographie 111
Bildnachweis 115

»Ich bin ein Jazzpoet, der einen einsamen Blues spielt...«
Jack Kerouac im Gespräch

»Laß uns abziehn.
Komm, auf.
Laß uns gehn.
Unsere Taschen umdrehen
verschwinden.
Zu keiner Verabredung mehr
wiederkommen erst
unrasiert Jahre später
altes Zigarettenpapier in den Hosentaschen...«
Lawrence Ferlinghetti

On the Road (»Unterwegs«) – ein Roman erscheint

»Ich sah die besten Köpfe meiner Generation
vom Wahnsinn zerstört
hungrig hipsterisch nackt.«[1]
Allen Ginsberg

Der Mann sieht aus wie ein Boxer der Mittelgewichtsklasse. Er hat dunkles Haar, einen herausfordernden, scharfen Blick. Sein Körper wirkt gut durchtrainiert. Der Mann ist Schriftsteller. Er heißt Jack Kerouac. Er ist in diesem Spätsommer des Jahres 1957 fünfunddreißig Jahre alt. Er ist zweimal verheiratet gewesen – nie lange. Er hat vor sieben Jahren einen Roman mit dem Titel *The Town and the City* veröffentlicht, Erinnerungen an die eigene Kindheit und Jugend. Fast ebensolange ist er mit einem Mann befreundet, der wahrscheinlich neben seiner Mutter die wichtigste Bezugsperson seines Lebens gewesen ist: einem Kriminellen und Asozialen im wahrsten Sinn des Wortes – Neal Cassady. In später veröffentlichten Romanen wird Kerouac unter den Namen Dean Moriarty und Cody Pomeray von ihm erzählen.

Hier in Berkeley an der Westküste der USA lebt Kerouac im Sommer des Jahres 1957 mit seiner Mutter zusammen, die er Mémêre nennt. Gabrielle Kerouac klagt darüber, daß sie so weit von ihrer Tochter Caroline (»Nin«) entfernt ist, die in Florida wohnt. Auch machen ihr in San Francisco die für die pazifische Küste typischen Nebeleinbrüche zu schaffen. Jack will die Mutter wieder nach Florida bringen. Das ist beschlossene Sache. Jack mißfallen die geleckt-sauberen Straßen Berkeleys mit den gepflegten Blumenbeeten und den Polizisten, die jedem einen Strafzettel geben, der bei Rot über die Straße geht.

Häufig fährt Jack von Berkeley nach San Francisco hinüber und besucht dort eine Bar, die »The Place« heißt. An den Wänden hängen Zeitungsausschnitte von Kritiken über das

berühmte Gedicht *The Howl* (»Das Geheul«) seines Kollegen Allen Ginsberg und Ölgemälde der örtlichen Maler.
Seine Post von Freunden in New York geht an diese Bar. Von hier aus telefoniert er mit Bekannten. Einer Freundin, die ihn in San Francisco besuchen kommen wollte, hat er abgesagt und ihr mitgeteilt, er werde bald in den Osten zurückkehren. San Francisco, das Landende Amerikas, mache ihn melancholisch.
An diesem Vormittag im Sommer des Jahres 1957 wartet Jack Kerouac in dem schäbigen Apartment in Berkeley auf die Heimkehr von Gabrielle. Sie ist einkaufen gegangen.
Es klingelt. Ein Bote liefert ein Paket für ihn ab. Er öffnet es. Es enthält die Vorausexemplare seines Romans *On the Road* (deutscher Titel: »Unterwegs«). Kerouac kniet vor der Bücherkiste, als, wie er schreibt, »ein goldenes Licht« an der Eingangstür erscheint. Es ist Neal Cassady mit einer alten Freundin, LouAnne, und zwei weiteren Freunden, die ihn besuchen wollen. Kerouac stößt die Bücherkiste unter den Tisch, aber sobald Neal hört, was Jack dort verstecken will, besteht er darauf, ein Exemplar des Romans zu sehen. Kerouac setzt sich an den Tisch, die anderen schauen ihm über die Schulter. Mit offensichtlicher Verlegenheit blättert er im Buch und sagt: »Leute, ihr werdet mich hassen, wenn ihr das lest.«
Wann immer die Bekannten an einer Stelle genauer hinsehen, beginnt Kerouac sich zu entschuldigen und ruft: »Zu der Zeit, als ich es schrieb, war ich eben wütend auf euch.«[2]
Neal führt die Gruppe ins Freie. Er schlägt das Buch irgendwo auf, liest eine Seite vor und beginnt dann die Geschichte mit verrückten Bemerkungen zu kommentieren. Immer noch scheint Kerouac nicht zu begreifen, daß sie sich über seinen Erfolg freuen. Er sagt: »Es spielt ja keine Rolle, was da steht. Ich weiß, ihr seid meine Freunde.«
Leiser und traurig wiederholt er: »Ach, was soll's. Das wird euch alles ganz und gar nicht gefallen!«[3]
In einem späteren Roman, *Desolation Angels* (»Engel, Kif und neue Länder«), schildert er diese Szene so:

»Wir starren uns alle in dem goldenen Licht an. Außerdem bin ich sozusagen in flagranti ertappt (während wir alle grinsen) mit einem Exemplar von *Road* in der Hand, noch ehe ich überhaupt einen Blick hineingeworfen habe! Automatisch reiche ich eines Cody, der ja schließlich der Held des verrückten armen, elenden Buches ist. Wieder einmal, wie schon öfter in meinem Leben, scheint ein Zusammensein mit Cody von stillem, goldenem Licht übergossen zu sein ..., obwohl ich nicht mal weiß, was das zu bedeuten hat, es sei denn, daß Cody wirklich so etwas wie ein auf die Welt herabgekommener Engel oder Erzengel ist und ich das erkenne.«[4]

Und über den Abschied von Neal heißt es:

»Begnügt euch also damit, wenn ich erzähle, daß Cody an dem Tag, als er uns auf Wiedersehen sagte, mir zum erstenmal in unserem Leben beim Abschied nicht in die Augen sah, sondern irgendwie schief wegschaute – ich konnte es nicht begreifen, und begreife es auch heute nicht.«[5]

Der Unterschied vom Leben in der Wirklichkeit und in einem Roman war ein Problem, das Jack Kerouac in all diesen Jahren stark beschäftigte. Er wollte der Literatur ihre Versteinerung und Wirklichkeitsferne austreiben, wollte sie mit Leben aufladen. In der oben geschilderten Szene dürfte ihm zum erstenmal klargeworden sein, was geschieht, wenn man Menschen, die man kennt, mit denen man lebt, zu Helden und Antihelden einer gedruckten Geschichte werden läßt. Der eigene Bezug zu ihnen sowie ihr Verhältnis zum Autor verändern sich. Was man geschrieben hat, um die eigene Isolation und Einsamkeit zu überwinden, führt zu neuer Isolation.

Der Verlag The Viking Press hat in einer Voranzeige zu *On the Road* geschrieben, das Buch werde gewiß heftige und widersprüchliche Reaktionen beim Publikum hervorrufen. »Wir glauben aber«, so heißt es in der Verlagsankündigung weiter, »daß der Leser in diesem Buch Wahrheit finden wird... Auf einige mag diese Wahrheit schön wirken, auf andere häßlich.

Aber jeder Leser wird von der Geschichte, die in diesem Buch erzählt wird, und der Art und Weise, wie sie erzählt wird, beeindruckt sein.«[6]

Es folgt dann ein Vergleich, der vor allem die soziologische Bedeutung des Buches hervorhebt:

»Nach dem Ersten Weltkrieg gab es eine Gruppe ruheloser, suchender Amerikaner, die die ›Verlorene Generation‹ genannt wurde. Das Lebensgefühl dieser Gruppe fand seinen wahrhaftigsten Ausdruck in den Texten des jungen Ernest Hemingway. Aus ähnlichen Gründen wurde nach dem Zweiten Weltkrieg eine andere Gruppe, die Amerika in einer verzweifelten Suche nach Identität und Sinn durchstreifte, als ›die Beat-Generation‹ bekannt. Jack Kerouac ist die Stimme dieser Gruppe. Sein Roman drückt ihr Lebensgefühl aus.«[7]

Der Begriff »Beat-Generation«, der hier erwähnt wird, bedarf einer näheren Erklärung. Er steht für eine – zu dieser Zeit erst im Entstehen begriffene – literarische Gruppe. Zu ihr gehörten außer Jack Kerouac die Lyriker Allen Ginsberg und Lawrence Ferlinghetti und der Autor William Burroughs. Diese Autoren hatten sich mit Ausnahme von Ferlinghetti schon in den vierziger Jahren als Studenten in New York getroffen. Später in alle Winde verstreut, waren sie doch immer miteinander in Kontakt geblieben, hatten ihre zunächst meist noch unveröffentlichten Arbeiten ausgetauscht und dabei Gemeinsamkeiten in ihrem Lebensgefühl und ihren literarischen Absichten festgestellt.

So schillernd-vieldeutig der Begriff »beat« selbst auch ist – er wird manchmal mit »müde«, »geschlagen« und »am Boden liegend, zerstört«, dann aber auch wieder mit »selig« und »erleuchtet« übersetzt –, so schließt er doch gewisse Eigenschaften und Werturteile ein, die von allen Mitgliedern der Gruppe geteilt und positiv verstanden werden.

So war man sich entschieden darin einig, daß man sich untereinander, aber auch gegenüber dem Leser uneingeschränkt ehrlich zu seinen tiefsten persönlichen Gefühlen bekennen müsse. Man wollte von dem erzählen, das darstellen, was man tatsächlich dachte, fühlte, empfand, ohne Rücksicht darauf, ob es nach den in der Gesellschaft allgemein gültigen Normen als schicklich oder unschicklich galt. Dies wurde als nötig erachtet, weil man sich selbst erfahren und nicht nur einer gesellschaftlich vorgegebenen Rolle entsprechen wollte.

Man mißtraute den offiziell angepriesenen amerikanischen Tugenden vom Fortschritt und von der Macht. Nicht in Anpassung, von der man meinte, daß sie zur Versteinerung und zum Klischee führe, sondern in Offenheit und Lebendigkeit sah man das Ideal. Deswegen auch wollte man sich »spontan«, die Bilder des Unterbewußten einbeziehend, ausdrücken.

Als Künstler sah man sich als Außenseiter, ja, als Ausgestoßener in einer hauptsächlich am Erwerb materieller Werte orientierten Gesellschaft. Gewisse Züge und Handlungsweisen der amerikanischen Gesellschaft wurden als verbrecherisch gebrandmarkt. Dadurch verkehrten sich die Werte: Wenn die Herrschenden, die an die Normen Angepaßten verbrecherisch handelten – waren dann nicht diejenigen, die von der Gesellschaft diskriminiert und kriminalisiert wurden, die besseren Menschen?

Was die Gesellschaft als Verbrechen unter Strafe stellte – beispielsweise Autodiebstahl, Besitz und Gebrauch von Drogen –, wurde daher von nicht wenigen Angehörigen dieser Gruppe als die gerechtfertigte Reaktion eines verletzten Individuums auf eine chaotische, unerträgliche Zeit empfunden.

Gleich hier zu Anfang soll, um jeder Romantisierung vorzubeugen, darauf hingewiesen werden, daß die Rebellion der Beat-Generation gegen die Gesellschaft nicht frei von Widersprüchen ist. Einerseits kritisierte man ganz zu Recht gesellschaftliche Normen, die das Individuum vergewaltigten. Andererseits aber übernahm man unkritisch Verhaltensweisen, ohne deren selbstzerstörerischen Aspekt zu erkennen, ja, man verherrlichte diese geradezu.

Diese Ambivalenz von Rebellion gegen die Gesellschaft und

selbstzerstörerischen Zügen zieht sich durch Kerouacs Leben und Werk.
On the Road wurde ein durchschlagender Erfolg, der Jack Kerouac weltweit bekannt machte.
On the Road ist ein Roman, den auch Leser kennen, die an Belletristik kaum interessiert sind.
On the Road ist das Buch von Kerouac, das, als Antiliteratur geschrieben, im nachhinein zu einem Stück amerikanischer Literaturgeschichte geworden ist.
Gründe genug also, um einen Bericht über das Leben Jack Kerouacs mit dem Erscheinen dieses Werks zu beginnen. Ein ebenso wichtiger Grund aber sind die Tausenden von Jugendlichen in aller Welt, die sich damals wie heute mit den Personen dieser Geschichte identifizieren.
Dabei ist *On the Road* gar nicht so leicht zu fassen. Es fällt schwer, ja, es ist vielleicht unmöglich, den Inhalt eines Buches zu beschreiben, dessen Faszination in seiner Poesie liegt, in seiner Stimmung, in dem, was zwischen den Zeilen steht.
Versuchen wir es trotzdem.
On the Road ist die Geschichte einer Freundschaft, der Freundschaft zwischen dem Ich-Erzähler Sal Paradise und Dean Moriarty und einer Gruppe von jungen Männern und Frauen, die auf dem Sprung leben, durch Amerika trampen, Musik hören und nach dem Sinn des Lebens fragen, einer Gruppe von Außenseitern, die wild und scheinbar verantwortungslos leben, sich aber auch als ungewöhnlich sensibel und intensiv wahrnehmend erweisen.
Die Spur ihrer Erfahrungen führt uns hin und her über die Weite des amerikanischen Kontinents zwischen der Ostküste (New York), dem amerikanischen Mittelwesten (Denver) und der Westküste (San Francisco). Ein weiterer geographischer Pol der Handlung liegt jenseits der Grenzen der USA: Mexico City. Er wird vor allem deshalb angesteuert, weil man dort billig leben, leichter jene Drogen (Marihuana, LSD, aber auch Heroin und Morphium) bekommen kann, nach denen es die Personen der Handlung für ihre »kicks« verlangt.
Diese vagabundierenden jungen Frauen und Männer kaufen

Autos und fahren sie zu Schrott. Sie stehlen Wagen, lassen sie auf offenem Feld stehen; sie trampen oder durchqueren Amerika in Greyhound-Bussen, diesem billigsten Fortbewegungsmittel in den USA. In den Städten feiern sie wilde Partys oder hören die heiße Musik dieser Jahre, den Jazz der Be-bop-Ära, wie ihn Charlie Parker und Dizzy Gillespie spielen.

Ann Charters, eine Biographin Kerouacs, nennt die Personen von *Unterwegs* kleine Maschinen, »in sich selbst kaputte, überdrehte Maschinen, immer nervös rotierend, trinkend, liebend und fest entschlossen, ja zu jeder neuen Erfahrung zu sagen... der Erzählstil der Geschichte läuft rasch und gewissermaßen atemlos. Er ruft eine ansteckende Lebendigkeit hervor, die den Leser mit sich fortreißt, in immer neue Städte, zu noch verrückteren Abenteuern«[8].

Aus dem Bewußtsein der handelnden Personen kristallisieren sich insbesondere drei Themen heraus, die sich dem Leser mitteilen.

Da ist zunächst ein neues Wertesystem und ein neues Verhältnis der Menschen zueinander. Schon der Name von Sal Paradise, dem Ich-Erzähler von *On the Road,* verweist auf seine Sehnsüchte, auf das, was er sucht. An seinem Freund Dean Moriarty (der Familienname ist der des Bösewichts in den Storys um Sherlock Holmes!) bewundert er dessen Fähigkeit, mobil, offen und ohne Rücksicht auf die Gebote der Gesellschaft zu leben.

Ausdruck dieser Offenheit ist die Nichtseßhaftigkeit, das ständige Unterwegssein. Man strebt nicht nach irdischen Reichtümern, also Geld oder materiellen Gütern, sondern nach »Erfahrungen«, mit denen man ein spirituelles Glück zu finden hofft. Mit solcher Offenheit und Mobilität geht Hand in Hand die Vorliebe für das Spontane, die Abneigung gegen Disziplinierung und Reglementierung. Dazu gehört auch die Begeisterung für das Populäre, für das gesprochene Wort, für die damals teilweise noch tabuisierte Musik des Jazz, für triviale Mythen.

Materieller Ausdruck und Symbol für die angestrebte Mobilität ist das Auto, mit dem man in die vermeintliche Freiheit der Weiten des großen Landes, in die moderne Wildnis in den heruntergekommenen Vierteln seiner Großstädte zu fliehen versucht. Das andere Vehikel sind die Eisenbahnen, die Güterzüge, auf denen man als Vagabund, als blinder Passagier mitfährt.

Das Glück, das Paradies scheint eben nicht mehr in den Konsumgütern auffindbar. Glück ergibt sich aus der intensiven Beobachtung des Alltags, einer Landschaft in der Ferne, in der zufälligen Bekanntschaft mit Menschen, die ähnlich unzufrieden mit den offiziell, also von der Gesellschaft anerkannten Werten sind wie man selbst – Menschen, die sich bewußt oder unbewußt ebenfalls auf der Suche nach einer anderen Sichtweise, nach anderen Formen menschlichen Zusammenlebens befinden.

Der zweite Aspekt ist eine neue, romantische Bewunderung für Natur aus erster Hand, für Einsamkeit, für den – wenn man so will – ländlich-provinziellen Teil Amerikas, nicht nur für die Landschaft der schier endlosen Straßen, sondern auch für Gebirge, für unberührte Gegenden.

Und schließlich ist da drittens die Hoffnung auf eine spirituelle Lehre, die einen von Ängsten, Frustrationen, Bedrängnissen erlöst.

Schnelligkeit wird zum Mittel, zum Rauschzustand, um dem als unerträglich empfundenen Zwang zu entgehen. Ihr Bedürfnis nach Entrückung, Befreiung und Sinnerfahrung suchen die Helden des Romans auch durch Drogen zu befriedigen.

Alkohol, Marihuana, Haschisch, LSD, aber durchaus auch Heroin und Kokain werden als Aufputschmittel benutzt, wenn man »am Boden« ist und sich schlecht fühlt. Sie sind aber auch die vermeintlichen Schlüssel zu »künstlichen Paradiesen«. Hier berühren die Vorlieben der Personen in *On the Road* und des Kreises, in dem Jack Kerouac lebt, den Bereich der Kriminalität. Wenn man sich Drogen beschaffen will, muß man »Dealer« kennen. Diese haben ihrerseits Verbindung zum professionellen Verbrechertum.

Dabei muß man allerdings bedenken, daß Drogen 1957 und

erst recht in den vierziger Jahren kein Massenproblem darstellten, wie das heute der Fall ist. In den USA waren Drogen damals, wenn überhaupt, nur sehr begrenzt in bestimmten sozialen Gruppen, beispielsweise unter schwarzen Jazzmusikern, bekannt und verbreitet.

Sie waren aber natürlich verboten und gehörten somit in den Bereich des von der Gesellschaft Tabuisierten, der auf die jungen Schriftsteller gerade deshalb Anziehungskraft ausübte.

Wenn William Burroughs und Allen Ginsberg, die dann auch Kerouac damit bekanntmachten, schon Ende der vierziger Jahre harte Drogen wie Morphium, Heroin, aber auch Mescalin benutzten, so spielte dabei entscheidend eine Rolle, daß sie sich davon die Erschließung neuer Bereiche des Bewußtseins, der menschlichen Seele versprachen.

Tatsächlich legt wohl kaum ein literarisches Werk so eindrucksvoll, aber auch so abschreckend von Drogensucht Zeugnis ab wie das Burroughs'. Die Anregungen zu Versuchen mit Drogen kamen aus der englischen Romantik (Thomas de Quincey, »Bekenntnisse eines englischen Opiumessers«, 1821), aber auch von den Pionieren der europäischen Moderne wie Baudelaire, Rimbaud und Verlaine. Aus diesem Spiel mit dem Feuer wurde bei Burroughs bald eine Sucht, aus der er sich erst 1956 nach einer fürchterlichen Entziehungskur in London befreien konnte. Schwere Erkrankungen waren vorausgegangen, nämlich 1951 eine Urämie, 1952 eine Lebererkrankung, gefolgt von einer infektiösen Hepatitis und von Rheuma, und auch nach der Entziehungskur blieb Burroughs ein körperliches Wrack.

Allen Ginsberg gelang es später, wie auch Kerouac, von »harten Drogen« loszukommen. Kerouac wurde schließlich nicht Heroin, sondern der Alkohol zum Verhängnis. Man kann allerdings davon ausgehen, daß dabei auch körperliche Schädigungen, die von den anderen Drogen verursacht worden sind, mit eine Rolle gespielt haben.

Burroughs, Ginsberg und Kerouac sprachen sich später in rational gefällten Urteilen gegen Drogen aus und sahen diese durchaus als eine Geisel unserer Zeit an. Andererseits entsprach es ihrem Grundsatz rückhaltloser Ehrlichkeit, auch den Widerspruch zu dokumentieren, verstandesmäßig um die Gefährlichkeit von Drogen zu wissen und dennoch nicht von ihnen loszukommen.

Die Helden von *On the Road* leben bewußt außerhalb der wohlanständig-sauber-puritanischen Gesellschaft der USA, deren Normen sie zu verachten gelernt haben. Sie sind letztlich davon überzeugt, daß Künstlerschaft und die Achtung der gesellschaftlichen Normen nicht miteinander zu vereinbaren sind.

Es gibt da eine Lust am Außenseitertum, eine Attitüde des Protests gegen die Wohlanständigkeit, von der es nur ein Schritt zur Welt des Verbrechens ist. Dabei spielt auch eine Rolle, daß die meisten Männer in dieser Gruppe Homosexuelle sind – eine Neigung, deren Ausübung nicht nur gesetzlich unter Strafe steht, sondern in den vierziger und fünfziger Jahren von der amerikanischen Gesellschaft in einer Weise verachtet und als pervers gebrandmarkt wird, wie das für uns heute kaum vorstellbar ist.

Für Dean Moriarty ist Sex die einzig heilige und somit die wichtigste Sache im Leben. Für ihn wie auch für Sal Paradise verkörpert Sex »die süße Rückkehr in das schützende Heiligtum der Leiblichkeit«[9].

Was bei den Helden des Romans nur umschrieben wird oder zwischen den Zeilen steht, stellt sich in der Wirklichkeit so dar: Jack, der im Roman Sal heißt, wie auch sein Freund Neal Cassady, der in *On the Road* unter dem Namen Dean Moriarty auftritt, haben sowohl mit Frauen als auch mit Männern sexuelle Beziehungen gehabt. Innerhalb des Freundeskreises, aus dem die Beat-Generation erwuchs, wurde im Zeichen der geforderten rückhaltlosen Ehrlichkeit daraus auch kein Hehl gemacht. Gegenüber einer vorurteilsvollen Öffentlichkeit war man zurückhaltender, mußte es wohl auch sein, schon weil die Verlage gesetzliche Schwierigkeiten vermeiden wollten. Damit aber bestätigte sich, was diese Autoren kritisierten: daß die Literatur ihrer Zeit nicht alles aussprach, was Menschen

empfanden und sie prägte. Daß *On the Road* an Tabus rüttelte, mußte heftige Reaktionen auslösen.
Am 5. September 1957 können die amerikanischen Leser das Buch für 3,95 Dollar in den Buchhandlungen kaufen. Gilbert Millstein bezeichnet in seiner an ebendiesem Tag erscheinenden Besprechung in der vielleicht wichtigsten Zeitung der USA, der *New York Times,* den Roman »als ein authentisches Kunstwerk«, ein »Hauptwerk der Romankunst«. Er nennt es »herrlich ausgeführt, die klarste und wichtigste Hervorbringung jener Generation, die der Autor vor Jahren selbst als ›beat‹ bezeichnet hat und dessen wichtigster Vertreter er ist«[10].
Dabei zeigt sich Millstein vom Inhalt und der literarischen Umsetzung gleichermaßen beeindruckt.
»Es gibt Szenen in *On the Road*, die von atemberaubender Schönheit sind. Es findet sich da die Beschreibung einer Autofahrt quer über den Kontinent, die sich der berühmten Passage der Zugfahrt durch das nächtliche Amerika bei Thomas Wolfe als durchaus ebenbürtig erweist. Es werden Einzelheiten einer Reise nach Mexiko (mit einem Zwischenspiel in einem mexikanischen Bordell) geschildert, die man mit Ergriffenheit liest, weil sie mal zärtlich, mal grotesk gehalten sind. Endlich wird da in einer Art und Weise über Jazz geschrieben, die in der erzählenden Literatur der USA einmalig ist.«[11]
Von Anfang an fehlt es aber auch nicht an aufgebrachten, wütend auf das Buch eindreschenden Kritiken.
In der *Sunday Times* nennt es David Dempsey unter der Überschrift »Eine Folge von Kicks« zwar »enorm lesbar und unterhaltsam«, bestreitet aber, daß es überhaupt so etwas wie eine Beat-Generation gebe. Er wirft Kerouac vor, seine Helden flirteten mit der Verderbtheit, und prophezeit ihnen, ihr Lebensweg werde sie ins Nichts führen. Was Dempsey offenbar besonders aufbringt, ist die in einem Tonfall der Selbstverständlichkeit vorgetragene Darstellung von Diebstahl (Autos), Ehebruch und Drogenkonsum. Der Autor, so kritisiert Dempsey, nehme gegenüber dem Laster einen

moralisch neutralen Standpunkt ein, statt solche Verbrechen, wie sich das seiner Meinung nach gehört, klar zu verurteilen.

Ähnlich äußerten sich die Kritiker vom *Time Magazine*. Hier fand man, der Autor liefere einer »von Fieber befallenen Jugend einen Vorwand, um die Musikautomaten der Nation zu scharwenzeln und in mitternächtlichen Straßen in sinnloses Geschrei auszubrechen«[12].

Daß sich die Gemüter an diesem Buch so erhitzten, ist auf die gesellschaftliche Atmosphäre zurückzuführen, die im Anschluß an den Zweiten Weltkrieg bis Ende der fünfziger Jahre in den USA herrschte.

Ein amerikanischer Gesellschaftskritiker kennzeichnete diese Epoche mit dem Satz: »Wir hatten die Deutschen besiegt und waren unsererseits auf dem besten Weg, gute Deutsche zu werden.« Es herrschte ein rabiater Antikommunismus, der zu Hexenjagden gegen all jene führte, die auch nur im entferntesten im Verdacht standen, Sympathien für Vorstellungen der Linken zu haben. Zensur dieser Art waren vor allem Künstler ausgesetzt.

Aufgerüstet wurde im Zeichen von Frieden und Sicherheit, aber der Einsatz der amerikanischen Atombombe in Japan am Ende des Zweiten Weltkrieges hatte gezeigt, wie fürchterlich und menschenfeindlich ebenjene Waffen waren, die die Vorherrschaft der USA in der Welt sichern und ihre Feinde abschrecken sollten. Henry Miller hat diese paradoxe Situation anschaulich beschrieben:

»Nie ist die Welt so sehr auf Sicherheit bedacht gewesen, und nie war das Leben zugleich unsicherer. Um uns zu schützen, haben wir die phantastischsten Zerstörungsinstrumente erfunden, die es je gab. Sie werden sich als Bumerangs erweisen. Niemand mehr scheint an die Macht der Liebe, die einzige Macht, von der man sich abhängig machen darf, zu glauben. Niemand traut seinem Nachbarn oder sich selbst und schon gar nicht einem höheren Wesen. Furcht, Neid, Verdächtigungen greifen überall zügellos um sich.«[13]

In dieser inneren Trostlosigkeit einer äußerlich glitzernden,

mit neuen Techniken mehr Bequemlichkeit bescherenden Gesellschaft wirkte der Roman wie ein Befreiungsschlag.
Am Tag nach dem offiziellen Erscheinungstermin hatte Kerouac einen merkwürdigen Traum. Darin wurde er zunächst von der Polizei aus seiner Heimatstadt Lowell fortgejagt, dann aber von Kindern gerettet, die einen Umzug durch die Straßen machten, seinen Namen schrien und ihm erlaubten, sich in den Reihen ihres Zuges zu verstecken.
Das Traumbild entsprach ziemlich genau den Erfahrungen, die Kerouac nun machte. Mochten die Kritiker und akademischen Literaturpäpste das Buch ablehnen, ja, vor ihm warnen – gekauft und gelesen wurde es von unzufriedenen, aufsässigen, von der Gesellschaft entfremdeten jungen Leuten, und derer gab es nicht wenige.
Die Eigenart des Erfolgs von *On the Road* liegt darin, daß es gerade von einem »unliterarischen« Publikum begeistert aufgenommen wurde, von sozialen Gruppen, die moderne Literatur gewöhnlich nicht erreicht und die von der Kulturszene auch nicht beachtet werden. Es gab diese Außenseiter in den USA, deren Geschichten das Buch erzählt. Die wohlanständigen, in den Arbeitsprozeß integrierten Leute bemühten sich, sie nicht zur Kenntnis zu nehmen. Aber sie waren da, und ihre Zahl wuchs gewissermaßen proportional zu dem zunehmenden Wohlstand in der amerikanischen Gesellschaft.
Und hier hatte jemand über sie geschrieben. Nicht nur über ihre Abenteuer, wie das zuvor schon bei Jack London und in den dreißiger Jahren bei Woody Guthrie geschehen war, sondern auch über ihre Ticks und Verrücktheiten, über die Auswirkungen ihrer seelischen Beschädigungen, ihre Süchte. Es war eine Art von Leben, eine Wirklichkeit, die es nicht geben durfte und dennoch gab. Allein schon seine »Zielgruppe« machte das Buch und seinen Autor bei der etablierten Kritikerschaft suspekt, während eben diese Zielgruppe es begeistert las und sich große Teile des jungen Publikums auch aus anderen sozialen Schichten damit identifizierten. Die zweite Auflage erschien schon zwei Wochen später, am 20. September, eine dritte folgte rasch.

In einem Brief an Neal Cassady schreibt Kerouac in diesen Wochen: »Um mich herum explodiert alles.«[14]
Die Verwirrung, Aufregung, die Alkoholexzesse und die grelle Publizität, die auf die Veröffentlichung des Romans folgten, waren weder Traum noch Fiktion, sondern Wirklichkeit. Innerhalb von zwei Wochen nach der Veröffentlichung hat Kerouac mehrere Fernsehauftritte. Trotz der überwiegend negativen Besprechungen beginnt sofort die systematische Vermarktung seiner Person und seines Werkes.
Das wichtigste unter allen Angeboten kommt von der Filmgesellschaft Warner Brothers, die 110000 Dollar für die Filmrechte an *On the Road* bietet. Kerouacs Agent, Sterling Lord, lehnt zunächst ab, weil er die Summe zu gering findet. Dann aber zeigt sich Marlon Brando daran interessiert, die Rolle des Dean Moriarty zu spielen. Der Preis klettert auf 150000 Dollar, um danach ebenso rasch wieder auf Null abzusinken, als das Buch von der Bestsellerliste verschwindet. (Zu Kerouacs Lebzeiten realisiert sich die Verfilmung des Romans nicht mehr. Sie kommt erst nach seinem Tode zustande, dann jedoch werden für die Filmrechte mehr Geld gezahlt, als er in seinem gesamten Leben mit all seinen Büchern verdient hat.)
Kerouac selbst wurde – verständlich, wenn man seine Erlebnisse beim Kampf um die Veröffentlichung von *On the Road* kennt, von denen noch zu berichten sein wird – nun von einer Art Goldrausch befallen. Im Oktober 1957 erfahren wir aus einem Brief an Cassady, er habe vor, einen Vermögenstrust zu bilden, wolle sich einen Mercedes Benz kaufen und mit einem Freund nach Mexico City fahren.
Es kommen Angebote von den großen Magazinen wie *Esquire* und *Playboy* zu Interviews und Artikeln über die Beat-Generation. Ein Biograph schreibt: »Es regnete in diesen Wochen Dollars auf Kerouac wie auf die heilige Therese einst Rosen.«[15]
Über Nichtbeachtung kann sich Jack nun also nicht mehr beklagen. Eher ist es so, daß der Strudel der Publizität, in den er gerät, ihn taumeln läßt und er sich dem Rummel um seine Person als nicht gewachsen erweist. Er trinkt viel; er braucht,

gebraucht den Alkohol, um seine Schüchternheit zu überwinden.
Zwei Wochen nach dem Erscheinen von *On the Road* lädt der Rezensent Millstein halb New York zu einer Party ein, auf der sich auch Kerouac zeigen soll. Zuvor schon betrunken, versteckt sich Kerouac im Apartment eines Bekannten und begründet das damit, daß er, zum Teufel, schon nicht mehr wisse, wer er denn eigentlich sei. Dann sagt er alle schon getroffenen Verabredungen ab und flüchtet nach Orlando in Florida, zu seiner Mutter. Er nimmt sich vor, an dem nächsten großen Roman zu arbeiten, der nach Meinung seines Verlegers und Agenten nun rasch auf *On the Road* folgen muß. Zehn Wochen schreibt er an einem Prosastück, das er schon zwei Jahre zuvor unter dem Einfluß der Lektüre von Proust begonnen und *Memory Babe* genannt hatte. *Memory Babe* (»Erinnerungs-Baby«), später als Titel der bisher umfangreichsten und genauesten Biographie über ihn verwendet[16], spielt auf die bei Kerouac besonders ausgeprägte Fähigkeit an, Bilder, Laute und Gespräche aus der Erinnerung zu reproduzieren.
Eine Woche vor Weihnachten 1957 ist Kerouac wieder in New York, um dort einer Leseverpflichtung in einem vornehmen Jazzclub, dem *Vanguard* im Künstlerviertel, nachzukommen. Man hat ihn angeworben, um drei Wochen Abend für Abend mit einer Band aufzutreten. Aber schon nach einer Woche wird das Programm abgesetzt. Das Bier kostet im *Vanguard* 1,25 Dollar. Dem Publikum, das sich an *On the Road* begeistern kann, ist das zu teuer.
Der Verlag wird nicht müde, seinem Autor einzuhämmern, es müsse bald ein neuer Roman her. Der brüchige Erfolg von *On the Road* soll damit abgesichert werden. Andererseits ist der Autor bekannt genug, um einem neuen Roman durch das Aufsehen um seine Person die nötige Schubkraft zu geben. Kerouac hat sieben oder acht Manuskripte in der Schublade, die aber alle dem Verlag nicht passen. Gefragt ist etwas, was seinem von den Medien geprägten Image entspricht – eine Geschichte, die für einen Massenerfolg gut ist. Es entsteht das

Manuskript zu *The Dharma Bums* (»Gammler, Zen und Hohe Berge«), das Kerouac Ende 1957 in zehn Marathon-Schreibsitzungen »ausschwitzt«, bei denen er jeweils zwischen 15000 und 20000 Wörter in einem Rutsch zu Papier bringt.
Unterdessen hat der Verlag Grove Press doch eines der früher verfaßten Manuskripte angenommen und bringt es unter dem Titel *The Subterraneans* (»Be-Bop, Bars und weißes Pulver«) im Februar 1958 heraus.
Die Veröffentlichung bringt Kerouac kein Glück. Ein alter Bekannter, der Westcoast-Lyriker und Literaturpapst Kenneth Rexroth, der schon *On the Road* als politisch naiv bezeichnet hatte, stellt in einer Besprechung nun gar Kerouacs Authentizität in Frage. Rexroth schreibt, er selbst habe in jener Gruppe von Schriftstellern, Malern und Jazzmusikern gelebt und wisse, wie es da zugehe. Jack Kerouac aber erzähle von ihnen, ohne sie genau zu kennen. Sein Roman schildere nicht die Wirklichkeit, sondern nur eine Illusion von ihr.[17]
In der wichtigen *New York Times Book Review* wird der Roman als eine »Junge-trifft-Mädchen-Geschichte auf unterster Ebene« bezeichnet. Seine Atmosphäre, heißt es, erinnere an Schlamm, der aus einem defekten Abflußrohr tröpfele.[18]
Andere Kritiker sprechen von einer »Aufreizung der Instinkte«, von »Primitivismus«, ja, sogar von »Verherrlichung der Gewalt«[19].
Kerouac versucht sich zu verteidigen. Er erinnert daran, daß »beat« (geschlagen) etwas mit »beatific« (schön) zu tun habe, mit jenem Bewußtseinszustand eines heiligen Franziskus, der alles Leben liebte. Die hohe Kriminalitätsrate unter Jugendlichen, für die nun seine Romane mitverantwortlich gemacht werden, habe, wie er erklärt, ihre Ursache gewiß zum geringsten Teil in Büchern. Die Beat-Charaktere, die er in seinen Geschichten porträtiert habe, seien schon längst in Gefängnissen oder Irrenhäusern verschwunden oder zu schweigender Konformität gezwungen worden. Mit der von vielen Jugendlichen nachgeahmten coolen Haltung des in diesen Jahren viel bewunderten James Dean habe sie nichts gemein.

Klingt dies noch plausibel, so sieht sich Kerouac durch die immer verletzenderen Angriffe aus den Reihen akademischer Kritiker nun auch gedrängt, eine intellektuelle Verteidigungslinie aufzubauen.
Als Schüler und Student ist er Oswald Spenglers *Der Untergang des Abendlandes* und der darin entworfenen fragwürdigen Geschichtsphilosophie und Geschichtsprophetie begegnet. Jetzt holt er dieses Werk wieder hervor und meint, darin die Erklärung dafür zu finden, weshalb seine Romane bei der akademischen Kritik auf Widerspruch gestoßen sind.
Er findet eine für die Unschärfe des Spenglerschen Argumentierens typische Stelle, an der die Rede davon ist, daß beim Sonnenuntergang der abendländischen Kultur ein spätes Nachglühen des Tages zu beobachten sein werde, »eine schöne Indifferenz gegenüber den Dingen Cäsars und ein Verlangen nach dem Himmel«[20].
Bei einem Interview Anfang 1958 entwickelt sich zwischen ihm und dem Fernsehjournalisten das folgende Frage-und-Antwortspiel:
»Frage: Meinen Sie, daß die Beat-Leute Mystiker sind?
Antwort: Ja, auch Spengler hat eine Wiederkehr der Mystik vorhergesagt. Er sagte, spät in der westlichen Zivilisation werde es zu einer großen Wiederbelebung der religiösen Mystik kommen. Genau das geschieht heute.
Frage: Und an was glauben denn die Mystiker?
Antwort: Oh, sie glauben an Liebe... und auch... alles ist gut... wir sind jetzt wirklich im Himmel.
Frage: Sie wirken aber nicht gerade sehr glücklich?
Antwort: Ach, ich bin schrecklich traurig. Ich bin ganz verzweifelt.
Frage: Und warum?
Antwort: Oh, es ist eine große Last heute zu leben.«[21]
Dieses Fernsehinterview mit seinen naiv-sentimentalen Äußerungen wird von der *New York Post* nachgedruckt. Es wird durch Agenturen über ganz Amerika verbreitet. Kerouac, der jahrelang darunter gelitten hat, daß seine wichtigsten Bücher keinen Verleger fanden und er somit keine Publizität erhielt,

zeigt sich der neuen, umgekehrten Situation nicht gewachsen. Er ist berühmt. Die Massenmedien sind übereingekommen, ihn als Sprecher einer ganzen Generation, der Beat-Generation, zu präsentieren. Mehr und mehr spürt er in sich einen Ekel über diese Rolle wachsen, in die man ihn hineingedrängt und die er zunächst wohl auch akzeptiert und genossen hat. Die Medizin gegen diesen Ekel besteht immer häufiger in einer Flasche Whisky. Bis er sich noch einmal aufrafft, um mit dem Schreiben neu zu beginnen, werden Jahre vergehen. Jahre, in denen nach und nach all jene Manuskripte erscheinen, die er in der langen Zeitspanne geschrieben hatte, in der er um eine Veröffentlichung von *Unterwegs* kämpfte. In immer größere seelische Bedrängnis und Verbitterung geratend, erfährt er nun den Sinn jenes paradoxen Ausspruchs, den ein Autor der »Lost Generation« geprägt hat: »Nichts ist erfolgloser als Erfolg.«

Wenn Kerouac schließlich zerbricht, so gerade deswegen, weil er mehr ist als der betrunkene Prophet einer fragwürdigen Weltanschauung, als der er sich von nun an immer häufiger verkauft.

1956, ein Jahr vor Erscheinen von *On the Road,* hatte Allen Ginsberg mit *The Howl* (»Das Geheul«) das vielleicht wichtigste Gedicht veröffentlicht, das in den USA während der zweiten Hälfte des 20. Jahrhunderts geschrieben wurde. Ginsberg hatte dem Text folgende Widmung vorangestellt:

»Für

Jack Kerouac, den neuen Buddha der amerikanischen Prosa, der seine Intelligenz in elf Bücher schleuderte, die er in halb so vielen Jahren niederschrieb, und sowohl eine spontane Bop-Prosodie schuf wie eine einzigartige, vollendete Literatur ... Ihm verdanke ich einige der im *Geheul* verwandten Ausdrücke und den Titel selbst ...«[22]

Diese Widmung war von Ginsberg als eine Geste kameradschaftlicher Solidarität gedacht. Sein Gedicht wurde – wie gesagt – schon 1956 gedruckt. Sein Freund Jack Kerouac aber mußte mit seinem Roman *Unterwegs* weiter warten. Ginsberg wollte mit dieser Widmung Kerouac zu jener Beachtung bei

Verlegern und Publikum verhelfen, die er seiner Meinung nach verdient hatte. Dafür hätte er sich wohl kaum mit soviel Überschwang eingesetzt, wenn er von Kerouacs Prosa, an der die Literaturkritik kein gutes Haar ließ, nicht überzeugt gewesen wäre.

Wie kommt es zu einer solchen Diskrepanz in der Bewertung eines literarischen Werkes, und wer hat da recht mit seinen Argumenten? Um eine Antwort auf diese Frage zu finden, muß man zurückgehen zum Anfang dieses Lebens. Man muß dem Roman, in den Kerouac seine Erlebnisse »on the road«, also »unterwegs, auf der Landstraße« umzusetzen versuchte, den Bericht über das Leben eines jungen Mannes in Amerika gegenüberstellen, eines jungen Mannes, der versuchte, als Mensch sich seiner Identität zu vergewissern und neue, unkonventionelle Formen menschlichen Zusammenlebens zu erproben.

Die lange Straße hinauf

Kindheit

»Ich war ein American boy.
Ich las das American Boy Magazine
und ich wurde ein Boy Scout
in den Vorstädten.
Ich dachte, ich sei Tom Sawyer...«[1]
Lawrence Ferlinghetti

Geboren wurde Jack Kerouac am 12. März 1922 um fünf Uhr nachmittags in Lowell, einer Kleinstadt am Merrimack River im Nordosten von Massachusetts, ungefähr dreißig Meilen vom Stadtzentrum Bostons entfernt. Er war das dritte Kind des Leo Acide Kerouac und seiner Ehefrau Gabrielle Ange Levesque Kerouac. Beide waren Frankokanadier, deren Familien als Einwanderer aus Quebec nach Neuengland gekommen waren.

Die Familie lebte in Pawtucketville, dem frankokanadischen Viertel von Lowell. Die Muttersprache des Jungen war das frankoamerikanische »joual«, ein anglisierter Dialekt des in Quebec im St. Lorenz-Stromtal gesprochenen Französisch. Englisch lernte Jack erst, als er in eine Grundschule kam, die von Nonnen geführt wurde. Selbst in späteren Jahren dachte er französisch und mußte seine Gedanken und Vorstellungen aus dieser Sprache jeweils erst ins Englische übersetzen. Joual war die Sprache, in der er sich zeitlebens mit seiner Mutter unterhielt und in der er nicht lügen konnte.

Leo Kerouac, der Vater, war in Lowell als ein leicht erregbarer, großzügiger, manchmal etwas extravagant auftretender Mann bekannt, der in einem geräumigen alten Haus, in dem seine beiden Söhne Gerard und Jack und seine Tochter Caroline zur Welt kamen, eine kleine Druckerei betrieb.

1935, als Jack dreizehn Jahre alt war, trat der Merrimack über die Ufer, setzte die Werkstatt des Vaters unter Wasser und machte die Druckmaschinen unbrauchbar. Von diesem Schicksalsschlag erholte sich Leo Kerouac nie mehr so ganz.

Er sah sich gezwungen, sein Haus zu verkaufen und in eine Mietwohnung zu ziehen. Er arbeitete nun mal hier und mal dort als Drucker, war oft von der Familie getrennt.
In dem Maße, in dem das Ansehen und die Lebenskraft des auch manchmal über längere Zeit arbeitslosen Vaters abnahm, wuchs der Einfluß der Mutter in der Familie. Gabrielle Ange Kerouac war traditionsverbundener als ihr Ehemann. Sie war überzeugte Katholikin, häuslich, praktisch, konservativ, bewahrend. Alle Neuerungen machten ihr angst.
Die Mutter, genannt Mémêre, überwachte und gängelte ihren Sohn Jack. Viel von Kerouacs Bedürfnis nach Abgeschiedenheit, viel von seinem Mißtrauen gegenüber Institutionen dürfte hier seine Wurzeln haben.
Die Bindung an die Mutter blieb zeit seines Lebens ungewöhnlich eng. Nie gelangte der Sohn zu einer vernünftigen Selbständigkeit gegenüber dieser starken, Nestwärme verbreitenden Frau, die die Versuchungen der bösen Welt und alles, was ihr als schlechte Einflüsse erschien, von ihrem Sohn fernzuhalten versuchte.
Das war gut gemeint, führte aber bei Jack zu einem ständig schlechten Gewissen ihr gegenüber. Gewiß spielte diese starke, widersprüchliche Mutterbindung auch eine Rolle, wenn es Jack später nie gelang, eine längere feste Bindung mit einer Frau einzugehen.
Als Jack vier Jahre alt war, starb sein zu diesem Zeitpunkt neunjähriger Bruder Gerard an einem rheumatischen Herzleiden. In der Familie wurde die Leidenszeit des Kindes zu einer Art Heiligenlegende verklärt. Diese Erfahrung mit dem Tod scheint bei Jack eine schwere Verstörung ausgelöst zu haben. Monatelang weigerte er sich, getrennt von seiner Mutter zu schlafen. Damit er überhaupt einschlafen konnte, mußte im Zimmer immer ein Licht brennen.
Der Bruder Gerard muß ein Kind gewesen sein, aus dessen Eigenarten sich nach seinem Tod ohne große Mühe etwas Heiliges herausinterpretieren ließ. Er konnte für sein Alter erstaunlich gut zeichnen und hatte eine große Vorliebe für Tiere. Im Hinterhof hielt er sich ein Kaninchen. Auf das

Fensterbrett vor seinem Schlafzimmer streute er Brotkrümel für die Vögel. Einmal befreite er eine Maus, die sich in einer Falle gefangen hatte. Als die Katze schließlich die Maus fraß, hielt er dem Tier einen Vortrag darüber, daß es unmoralisch sei, seinen Nächsten zu verspeisen.

Zum einen wurde Gerard nach seinem Tod Jack als ein letztlich unerreichbares Vorbild an Güte, ja, an Heiligkeit hingestellt, zum anderen konzentrierte die Mutter nun all ihre Liebe auf den ihr noch verbliebenen Sohn.

In den Jahren nach Ende des Zweiten Weltkriegs, als Leo Kerouac an Krebs erkrankte und Jack am Küchentisch der Familie seine ersten Schreibversuche machte, war es die Mutter, die als Arbeiterin in einer Schuhfabrik für den Lebensunterhalt der Familie aufkam. In dieser Zeit fühlte sich Jack hin und her gerissen zwischen seinem Wunsch zu schreiben und der Verpflichtung, den Vater als Ernährer zu ersetzen.

Vor seinem Tod nahm der Vater dem Sohn einen heiligen Eid ab, daß er sein ganzes Leben lang für die Mutter sorgen würde – ein Versprechen, dem sich Jack später immer verpflichtet fühlte und das er gewissenhaft erfüllte.

Damit haben wir Jacks Lebenslauf weit vorausgegriffen. Doch die hier geschilderten Konflikte nahmen wohl schon mit dem beruflichen Abstieg des Vaters ihren Anfang, bahnten sich bereits in Kerouacs Kindheit an.

Schon sehr früh zeigte sich bei dem Jungen ein ungewöhnlich starkes Interesse an phantastischen Geschichten, in denen er sich eine eigene Phantasiewelt entwarf. Als Schulkind war Jack eifriger Hörer einer damals sehr beliebten Hörspielserie »Der Schatten«, zu der es auch Kinofilme gab. Die neueste Folge des gegen gespenstische Erscheinungsformen des Bösen ankämpfenden Schattens erschien jeden Freitag in einem Groschenheft, dem *Shadow Magazine*, das die Lieblingslektüre des acht-, neunjährigen Jungen wurde. Mit elf füllte er Notizbücher mit selbsterdachten kleinen Romanen. Er hatte mit Begeisterung Mark Twains *Huckleberry Finn* gelesen, und sein erster größerer literarischer Versuch mit dem Titel »Jack

Kerouac erforscht den Merrimack« war bezeichnenderweise die Geschichte eines Waisenjungen, der fortläuft und schließlich in einem Boot allein einen Fluß hinuntertreibt. Das Manuskript, das Kerouac in seinem ersten Roman *The Town and the City* als »ein sorgfältig ausgearbeitetes Epos« bezeichnet, ist eindeutig Twains klassischen Jugendbüchern nachempfunden.

In seinem späteren, zwischen 1951/52 verfaßten Roman *Visions of Cody* hat Kerouac noch einmal versucht, der Bedeutung des Merrimack-Textes für seine Entwicklung genauer nachzuspüren. Es wird darin deutlich, was ihn in seiner Einbildungskraft in der Zeit zwischen 1933 und 1934 bewegte: die nahezu zwanghafte Anziehungskraft einer äußeren Welt, die phantastische Abenteuer verspricht.

In *Visions of Cody* erzählt Kerouac, daß sein autobiographischer Held in den Sümpfen am Merrimack aufbrach und dann den kleinen Fluß weiter und weiter hinabtrieb, »immer lichteren, merkwürdigeren und sich ausweitenden Abenteuern entgegen, die ihn letztlich zur flachen Marsch am Meer brachten, zu großen Maiskolben zwischen wehenden Grasfeldern, zu Düften von etwas Geheimnisvollem, Wildem und Verrücktem, Rauch der Stadt – und weit, weit fort von dem mit wildem Wein überwucherten Versteck, von dem du fortgingst, als der Traum begann«[2].

Genau dieses Thema, die Geschichte von einer Macht, die einen Menschen aus einem als langweilig empfundenen Alltagsleben fortlockt, ihn zu einer wichtigen Reise entführt, wiederholt sich in fast allem, was Kerouac in den folgenden achtzehn Jahren schrieb, auch in *On the Road*.

Neben ersten literarischen Versuchen druckte Jack als Schuljunge eine eigene Zeitung über Pferderennsport, für den sein Vater eine Leidenschaft empfand und die er auf seinen Sohn zu übertragen versuchte, indem er ihn auf die Rennplätze mitnahm. Außerdem ging Jack, begleitet von seiner um vier Jahre älteren Schwester Caroline (»Nin«), mehrmals in der Woche ins Kino, mit Vorliebe in Gruselfilme. Da Leo Kerouac in den dreißiger Jahren die Plakate für die Lichtspielhäuser

von Lowell druckte, bekam die Familie für nahezu alle Filme, die am Ort gezeigt wurden, Freikarten für die Kinder.
Eine bizarre, von Schrecken und Ängsten durchwobene Phantasiewelt baute sich in Jack auf. Dennoch wäre es falsch, diese Kindheit unglücklich zu nennen. Die Familie war arm, aber trotz gelegentlicher Streitigkeiten zwischen den Eltern herrschte daheim eine warmherzige Atmosphäre.
Mit dem Vater, der auf Rennpferde wettete und vorübergehend einem Kegelclub vorstand, waren Ausflüge in Bereiche der Erwachsenenwelt möglich, in denen nicht unbedingt jene Wohlanständigkeit herrschte, auf die die Mutter daheim pochte. Auch die Umgebung bot Möglichkeiten, sich Freiräume zu schaffen. Als Zwölf- bis Vierzehnjähriger – nun schon auf der High-School – spielte Jack stundenlang an den Ufern des nahe gelegenen Merrimack. In diesen Jahren muß sich eine tiefe, von intensiven Erinnerungsbildern bestimmte Liebe für Lowell, das eigentlich eine häßlich-schmutzige, heruntergekommene Industriestadt war, in ihm eingegraben haben. Freilich darf man die Bilder von Lowell, die in den Romanen *The Town and the City, Doctor Sax* und *Maggie Cassidy* auftauchen, nicht für eine Beschreibung der ganzen Wirklichkeit nehmen. Zu offensichtlich sind sie der Versuch, sich mit Mitteln der Phantasie ein Kindheitsparadies zu errichten.

Ein schüchterner Footballspieler oder die Kleinstadt und die City

»In meinem Sieg, meinen Vorstellungen, Empfindungen konnte ich alle Dächer von Lowell und Worchester sehen. Sie hatten einen Dichter in meinen Schlund gestopft. In meiner Unschuld war ich dem ekstatischen Wahnsinn nahe.«[3]
Jack Kerouac

Auf der High-School wurde Jack zu einer lokalen Berühmtheit dank seiner Erfolge in der Leichtathletik und auf dem Footballfeld. Dabei spielte die materielle Situation der Familie als Antrieb eine nicht unwesentliche Rolle. »Ich wollte nach der High-School aufs College, und ich wußte, mein Vater würde mir das Studium nicht bezahlen können«[4], erzählte Jack später. Sich beim Sport hervorzutun und auf diese Weise ein Stipendium zu erhalten, war die einzige Möglichkeit, wenn dieser Traum wahr werden sollte.

Als Jack zu hören bekam, er sei zu schmächtig, um in einer Footballmannschaft mitzuspielen – American Football erfordert neben einem guten Springvermögen einen kräftigen Körperbau –, stellte er sich ein Trainingsprogramm zusammen und lief tagtäglich so lange, bis die Schmerzen in den Beinen unerträglich wurden.

Das Familienmotto der Kerouacs, die ihre Herkunft von bretonischen Adligen herleiteten – einer der Vorfahren hatte nach seiner Einwanderung nach Kanada angeblich eine Indianerin aus dem Stamm der Mohawk geheiratet –, lautete: »Aimer, Travailler et Souffrir« (Lieben, arbeiten und leiden).[5]

Viele Jahre später erklärte Allen Ginsberg, ein enger Freund Jacks, gegenüber einem seiner Biographen: »Jack war fasziniert vom Leiden.«

Gewisse selbstquälerische Züge sind schon in Kerouacs Kindheit nicht zu übersehen. Gerard, der kranke Bruder, war ein Vorbild im Leiden. Trost und Errettung aus dem Leiden kam von einem Katholizismus mit stark mystischen Zügen, wie ihn die Mutter dem Kind nahezubringen versuchte. Verständlich von daher auch, daß später der Buddhismus, der alles Leben als Leiden bezeichnet und sich dem einzelnen als Weg zur Selbsterlösung anempfiehlt, auf Kerouac große Anziehungskraft ausübte.

Bei der Footballsaison des Jahres 1935 stellte sich dann heraus, daß Jacks selbstquälerisches Trainingsprogramm nicht umsonst gewesen war. Er wird als Footballspieler entdeckt – eine Entdeckung, von der Jack später sagte, mit ihr habe seine »Verblendung«, sein Streben nach einem glanzvollen, ruhmreichen Leben begonnen.

Kerouacs Karriere im organisierten Sport nahm seinen Anfang mit einem in der Tageszeitung von Lowell im Oktober 1935 veröffentlichten Herausforderungsbrief. Entworfen von Jacks Freund, Scotty Beaulieu, und gesetzt und gedruckt von Jack selbst auf der Druckmaschine, an der sein Vater arbeitete, luden in diesem Schreiben die »Dracut Tigers« alle Footballmannschaften der Dreizehn- bis Fünfzehnjährigen aus der Umgebung zu einem Samstagsturnier auf einem Platz in den Wäldern nördlich des Ortes ein. Die Mannschaft der »Rosemont Tigers« stellte sich dieser Herausforderung. In dem Duell der beiden Tiger-Teams, vor Freunden und Verwandten als Zuschauerkulisse, erwies sich der langbeinige Jack Kerouac als der gewandteste Spieler auf dem Platz. Er erzielte neun sogenannte »touchdown«. Seine Mannschaft gewann 60:0.

Im gleichen Jahr wurde Lowell von einer großen Überschwemmungskatastrophe heimgesucht, die auch die Werkstatt seines Vaters verwüstete. Kerouac, der zu dieser Zeit gerade Oswald Spenglers *Untergang des Abendlandes* las, sah darin eine Metapher für eine unumgänglich dem Untergang geweihte Zivilisation. Es muß auch in diesem Jahr gewesen sein, daß Jack dem katholischen Gemeindepfarrer anvertraute, er werde von den anderen Jungen wegen seiner Schreibversuche gehänselt. Footballstar und Schriftsteller – das wollte offenbar nicht zusammenpassen.

Der wahre Ruhm kam dann in der Schulmannschaft während der Saison 1938/39, in der Jack sich zwar immer wieder auszeichnete, aber bei wichtigen Spielen auch häufig von der Ersatzbank aus zuschauen mußte, bis die Stimme des Volkes in Sprechchören seinen Einsatz forderte. Der Trainer des Boston College und Lou Little, Trainer der Mannschaft der Columbia-Universität, zeigten sich immer häufiger bei Spielen, in denen Jack zum Einsatz kam.

Die Mutter hätte den Sohn gern an der berühmten Columbia-Universität gesehen. Sie erträumte für ihn eine Karriere als Manager bei einer großen Versicherungsgesellschaft. Der Vater war für das Boston College. Er hatte nach dem Zusammenbruch seiner eigenen Firma eine Anstellung als Setzer bei einer Druckerei in Lowell gefunden, die einer irischen Familie gehörte. Diese Firma führte alle Druckaufträge für das Boston College aus. Der Fußballtrainer der Bostoner Mannschaft schrieb Leos Chef eine Postkarte mit dem Satz: »Sorgen Sie dafür, daß Kerouac unbedingt aufs Boston College kommt!«[6]

In der Küche der Kerouacs kam es darauf zu heftigen Streitgesprächen zwischen Vater und Mutter über die Frage, bei welchem Club die Zukunft des Sohnes besser gesichert sei.

Gabrielle setzte sich durch, aber letztlich dürften Columbia und New York auch Jacks Wahl gewesen sein. Sein berufliches Vorbild war damals Damon Runyon, ein Sportjournalist des Hearst-Konzerns. Jack selbst erzählte später: »Ich hatte Lust auf New York, ich wollte ein bekannter Journalist in der großen Stadt werden.«[7] Damit verbunden war die Vorstellung, über Pferderennen, Nachtclubs und Schauspielerinnen schreiben zu können.

Für den Vater hatte die Entscheidung des Sohnes verheerende Folgen. Sein Arbeitgeber fühlte sich durch die Absage des jungen Footballspielers an Boston vor den Kopf gestoßen. Leo wurde auf entwürdigende Weise entlassen. Er war zuvor schon dann und wann arbeitslos gewesen. Aber noch nie hatte man ihn aus einer Firma hinausgeworfen. Für sein Selbstvertrauen war das ein harter Schlag.

Im Winter 1938/39, dem letzten Jahr auf der High-School,

verliebte sich Jack zum erstenmal heftig. Seine Freundin, die siebzehnjährige Mary Carney, kam aus einer irischen Familie. Es war eine aufregende, aber zugleich auch enttäuschende Romanze. Ihre halbeingestandenen Wünsche stürzten das Paar in einen Tumult von Leidenschaft, Kummer und Schuldgefühlen. Jacks Busfahrten zu Mary nach Süd-Lowell hinüber endeten immer wieder mit wilden Küssen und schamhaften Andeutungen, wie gern er mit ihr schlafen würde, ohne daß es letztlich dazu gekommen wäre. »Ich wich dem aus, um Eindruck auf sie zu machen«, erzählt Jack Duluoz, der Held in dem Anfang 1953 geschriebenen Roman *Maggie Cassidy,* dessen Handlung den Verlauf der Beziehung, einschließlich seines Tagtraums von einem Leben mit Mary in einem kleinen Haus an den Eisenbahngleisen mit einem Job bei der Bahn, möglichst genau so wiederzugeben versucht, wie ihn der sechzehnjährige Kerouac erlebte. Viel später, 1952, in einer Zeit bitterster Not und Verzweiflung, stellte Kerouac Überlegungen an, ob es nicht besser gewesen wäre, seine Jugendliebe zu heiraten und damit ein bürgerliches Leben zu wählen, statt sich in der weiten Welt in wilde Abenteuer zu stürzen. Genährt von den nostalgischen Erinnerungen an diese Jugendliebe schrieb er Anfang 1953 den kleinen Roman *Maggie Cassidy*, vielleicht neben *On the Road* und *Visions of Cody* eine seiner intensivsten Geschichten.

In der Realität fand die Romanze ihr Ende im Frühjahr 1939. Jack ging in diesen Monaten eifrig zum Baseballtraining, ohne daß er es in dieser Sportart zu guten Leistungen gebracht hätte.

»Ich verfehlte weiterhin auf dem Schlagmal die angeschnittenen Bälle«, erzählt er in *Maggie Cassidy*. Im übertragenen Sinn galt das auch für seine Beziehung zu Mary. Dem Mädchen, das sich wünschte, bald zu heiraten, wurde der zögerliche Liebhaber langweilig. Eines Abends hielt sie eine Verabredung nicht ein, »sondern traf sich in den Büschen bei der Eisenbahnbrücke mit Roger R – in dem sexy Sand«[8].

Jack grämte sich wochenlang über seine verspielten Chancen. Als er bei einem Leichtathletikwettbewerb beim Staffellauf

den Stabwechsel verpatzte, machte er seine sehnsüchtigen Tagträume von Mary/Maggie dafür verantwortlich.
Mit der Übersiedlung in die Großstadt New York verloren sich allmählich die Liebesqualen des Siebzehnjährigen. Die neuen Eindrücke der Großstadt sorgten für Ablenkung.
In Columbia erfuhr er, daß er wegen Lücken in Mathematik und Französisch – tatsächlich aber wohl eher, weil der Footballtrainer erwartete, er werde in der Zwischenzeit an Körpergewicht zulegen – zunächst noch ein Jahr auf der dem College vorgeschalteten »Horace Mann Prep School for Boys« verbringen müsse. Zu Beginn des Semesters 1939 wurde er bei Gabrielles Stiefmutter in Brooklyn einquartiert. Die Schule lag in der 246. Straße in der Bronx. Jack hatte einen zweieinhalbstündigen Schulweg mit der Subway zurückzulegen. Das anstrengende Footballtraining und die langen Fahrtstrecken durch die Stadt brachten ihn an den Rand der Erschöpfung. Wenn er heimkam, aß er und sank sofort ins Bett.
Horace Mann war eine Schule für Kinder aus wohlhabenden Familien. Ein »Canuck«, ein Frankoamerikaner wie Kerouac, stieß da auf Zurückhaltung, manchmal sogar auf schroffe Ablehnung. Seine Klassenkameraden bekamen Geld von ihren Eltern. Er mußte sich sein Taschengeld verdienen, indem er für jeweils zwei Dollar Aufsätze für Mitschüler anfertigte.
Durch einen Klassenkameraden kam Jack in luxuriöse Wohnungen reicher jüdischer Familien in der West End Avenue. Bei aller Freundschaft spürte er, daß ihn hier manch einer über die Schulter ansah. Zusammen mit den Haßtiraden seines Vaters, der sich einen Sündenbock für das Scheitern seiner hochfliegenden, illusionären Berufspläne erfand, liegen hier die Ansatzpunkte für antisemitische Vorurteile, die bei Jack gegen Ende seines Lebens, als auch er sich als ein Gescheiterter empfand, offen zum Ausbruch kamen.
Derselbe Klassenkamerad machte Jack auch mit den Kurzgeschichten von Ernest Hemingway bekannt, der nach Thomas Wolfe nun für einige Zeit zu seinem Lieblingsschriftsteller

wurde. Unter dem Eindruck des knappen, aussparenden Stils Hemingways schrieb Kerouac für die Studentenzeitung eine Geschichte mit dem Titel »Die Brüder«, seine erste Veröffentlichung.

Manchmal schwänzte er den Unterricht. Dann trieb er sich in Harlem und im Viertel um Times Square herum. Immer aber war er zum Footballtraining zur Stelle. In der Mannschaft tat er peinlich genau alles, was man von ihm erwartete, und erfüllte die in ihn gesetzten Erwartungen, indem er das Spiel gewinnen half, das Horace Mann zum inoffiziellen Footballmeister unter den Teams der Vorbereitungsschulen in New York machte. Sein Name tauchte nun immer häufiger in den Sportseiten der New Yorker Zeitungen auf, und er konnte sich Hoffnungen auf eine erfolgreiche Karriere als Footballspieler machen.

Im November 1939 lebte seine Schwärmerei für Mary vorübergehend wieder auf. Er besuchte sie in Lowell und lud sie zu dem großen Frühlingsfest 1940 von Horace Mann nach New York ein.

Noch immer hatte er mit keiner Frau geschlafen. Wieder in New York, nahm er sich mit einer älteren Frau, einer professionellen Prostituierten, ein Hotelzimmer in Manhattan und verlor dort schließlich seine Unschuld.

Diese bewußt so nüchtern geschilderten Ereignisse sind wahrscheinlich entscheidend für Kerouacs lebenslange Schwierigkeiten im Umgang mit Frauen.

Machen wir uns folgende Zusammenhänge klar:

Seine Bindung an die Mutter ist sehr stark. Als er sich zum erstenmal verliebt – und er hat die Intensität seiner Gefühle und sexuellen Frustrationen später in dem Roman *Maggie Cassidy* außerordentlich eindringlich zu schildern gewußt –, stellt sich die Mutter gegen diese Beziehung. Wie sie sagt, fürchtet sie, Mary werde Jack vom Lernen abhalten beziehungsweise seiner Karriere in der großen, weiten Welt im Wege stehen. Insgeheim dürfte auch eine gewisse Eifersucht eine Rolle gespielt haben.

Jack »hört« auf die Mutter. Zudem stellt auch Mary Bedingungen. Wenn er mit ihr schlafen will, muß er sie heiraten. Wenn er sie nicht bald heiraten kann oder will, muß er sehen, wie er seine natürlich trotzdem vorhandenen sexuellen Bedürfnisse befriedigt.

Aus seiner Sicht stellen sich so alle Frauen in einem negativen Licht dar. Mütterliches Verständnis und Fürsorge bekommt er nur, wenn er sich weiblicher Herrschaft und Macht unterwirft. Mädchen, die ihm schön und liebenswert erscheinen, verweigern ohne Heirat die Erfüllung sexueller Wünsche. Das treibt ihn in die Arme von Mädchen und Frauen, die Liebe für Geld verkaufen. Gekaufter Liebe aber haftet nicht zuletzt auch deswegen etwas Schmutziges an, weil sie die Selbstachtung aller Beteiligten herabsetzt. Der Schüler und angehende Student Jack Kerouac gerät in einen Teufelskreis, den viele Jugendliche in den vierziger und fünfziger Jahren kannten. Viele, wenn auch nicht alle Männer dieser Zeit gingen daraus mit einer gestörten Einstellung zu Frauen hervor.

Das von Mary und ihm heißersehnte Wiedersehen beim Frühlingsball endete mit einem Reinfall. Jack hatte sich bräunen wollen. Er war dabei zu lange unter der Höhensonne geblieben und hatte ein krebsrotes, fieberndes Gesicht. Mary trug ein rosa Kleid und eine Rose im Haar. Jack tanzte auf dem Ball demonstrativ eng mit ihr, aber sie fühlte sich unsicher und gehemmt. Mary wurde von den Mädchen aus den reichen Familien New Yorks geschnitten.

Nachdem sie dem Standesdünkel der Festteilnehmer entronnen waren, bat Mary ihn, nach Lowell heimzukommen. Sie kann sich kaum Illusionen darüber gemacht haben, wie er reagieren würde. Noch schien ihm als angehendem Footballstar die Welt offenzustehen. Also kehrte Mary allein nach Lowell zurück. Und Jack blieb auf der Schule in New York.

Durch einen Mitschüler aus dem Französischkurs begann Kerouac um diese Zeit den Jazz zu entdecken. Sein Kommilitone Seymour Wyse hatte eine besondere Vorliebe für Count Basie und dessen Swing spielende Band. Wyse besaß sämtliche Count-Basie-Platten. Er nahm Jack mit ins *Apollo-Theater*

nach Harlem. Zusammen mit Wyse hörte er im *Savoy* Lester Young.
In einem der Artikel für die Schulzeitung definierte er echten Jazz als eine Musik, die nicht im voraus arrangiert, sondern völlig frei sei. Sie besteht seiner Meinung nach im »Ausbruch leidenschaftlicher Musiker, die all ihre Energie in ihr Spiel einfließen lassen, auf der Suche nach seelenvollem Ausdruck und einer Super-Improvisation... ein Solist improvisiert nach der Melodie eines Liedes... um sich selbst auszudrücken... seine Originalität und Persönlichkeit«[9].
»Jazz«, schrieb Kerouac in diesem im Frühjahr 1940 erschienenen Text, »ist etwas, was dir bis in die Zehenspitzen geht.«[10] Man spürt seine Bewunderung für diese Musik, bei der der Künstler »frei und tief grabend« spielt, wie er es nennt. Kerouac hatte über den Jazz die Spontaneität als ästhetischen Wert entdeckt und erkannte, daß ein Künstler, der etwas Neues durchsetzen will, eines gewissen Eigensinns bedarf.
»Vorher hatte ich meinen Jazz immer im alten *Minton Playhouse* bezogen (Lester Young, Ben Webster, Joey Guy, Charlie Christian und andere), und als ich zum erstenmal Bird und Diz in den *Three Deuces* hörte, wußte ich, daß die wirklich ernste Musiker waren, die einen irr neuen Klang aufbrachten und denen es gleich war, was ich oder mein Freund Seymour darüber dachten.«[11]
Die Brücke zwischen Jazz und Schreibstil war das gesprochene Wort, die Redeweise der Jazzfans:
»Jedenfalls sahen die Hipster*, deren Musik der Bop war, wie Verbrecher aus, aber sie sprachen weiterhin über die gleichen Dinge, die ich auch mochte; das gab dann lange Skizzen persönlicher Erlebnisse und Visionen, nächtelange Beichten von Träumen, die ungehörig und durch den Krieg unterdrückt worden waren, erregte Debatten ließen das Gären einer neuen Seele spüren... Es war eine neue Sprache, in Wirklichkeit Neger-Jargon... Manche dieser Hipster waren völlig irre und

* Hipster: einer, der Bescheid weiß, ein Eingeweihter, der von Erlebnissen Besitz ergriffen hat – der amerikanische Existentialist.

sprachen ununterbrochen. Es war alles im Jazzstil. Symphony Sids moderner Jazz und Bop war die ganze Nacht durch eingestellt.«[12]

Daß Kerouac später bewußt versuchte, Eigenarten des Jazz auf seinen Erzählstil zu übertragen, ist durch viele seiner theoretischen Äußerungen belegt. Mehr als einmal hat er sich ausdrücklich dazu bekannt, daß sein Satzbau dem Modell des Jazz nachgestaltet ist. Er hat das Handwerk des Schriftstellers mit dem musikalischen Vortrag eines Bläsers verglichen. Die Länge der Atemzüge sei bei beiden die rhythmische Maßeinheit:

»Jazz und Bop in dem Sinn, wie ein Tenorsaxophonist Atem schöpft und eine Phrase auf seinem Saxophon bläst, bis ihm der Atem ausgeht, und wenn das geschehen ist, muß die Verlautbarung erfolgt sein... Genauso teile ich meine Sätze. Sie trennen sich voneinander im Bewußtsein der Notwendigkeit, dazwischen zu atmen... Ich formulierte die Theorie des Atmens als Maß in Prosa und Lyrik... Ich formulierte diese Theorie 1953 auf Bitten von Burroughs und Ginsberg. So kommt es zu einer Sprache, die die rassige Schärfe, die Freiheit und den Humor des Jazz hat...«[13]

In diesem Frühjahr des Jahres 1940 waren es die Riffs* der Jazztrompeten und Saxophone, mit denen Jack die melancholischen Erinnerungen an die unglückliche Affäre mit Mary endgültig zu verscheuchen suchte.

Die Vorbereitungsschule schloß er mit guten Noten ab. An der Abschlußfeier selbst konnte er nicht teilnehmen, weil er die dazu vorgeschriebenen langen weißen Hosen nicht besaß. Er lag, während in der Turnhalle Reden gehalten und die Diplome überreicht wurden, vor dem Gebäude im Gras und las in einem Band mit Gedichten von Walt Whitman.

* Riff: fortlaufende Wiederholung einer melodischen Phrase im Jazz.

Student, Matrose, Soldat, verrückt

»... die durch die Universitäten gingen
mit strahlend kühlen Augen
Arkansas-Traumbilder und höllisch erhellte Tragödien
halluzinierend unter den Kriegsgelehrten.«[14]
Allen Ginsberg

In seinem Freshman-Jahr, den zwei ersten Semestern in Columbia, brach sich Kerouac gleich zu Beginn der Footballsaison das Bein und war damit nicht mehr einsatzfähig. Vorausgegangen waren Streitigkeiten mit dem Trainer von Columbia, Lou Little, von dem sich Jack nicht entsprechend seiner Fähigkeiten beurteilt fühlte. Außerdem wurden Versprechungen auf einen Job, die man seinem Vater gemacht hatte, nicht eingehalten.

Die durch seine Verletzung erzwungene Untätigkeit beim Football nutzte Jack dazu, viel zu lesen, beispielsweise alle Werke Shakespeares.

Im zweiten Jahr in Columbia verschärften sich die Konflikte zwischen dem Trainer und Jack. Als Lou Little ihm nicht hinreichend Gelegenheit gab, seine Fähigkeiten bei schnellen Läufen, die beim »American Football« spielentscheidend sein können, unter Beweis zu stellen, warf ihm Kerouac den Krempel hin und schied aus der Mannschaft aus. Wenn der äußere Anlaß in den Ungerechtigkeiten lag, die ihn kränkten, so lag der tiefere Grund wohl in Kerouacs Zweifeln, ob er wirklich eine Karriere als Berufsfootballspieler anstreben sollte.

Der Abschied von der berühmten Universität ohne einen Abschluß dürfte ihm nicht leichtgefallen sein, bedeutete das doch, daß er alle Aussichten auf Ruhm begraben und die Erwartungen, die man daheim in ihn gesetzt hatte, enttäuschen mußte. Es ist wohl nicht zufällig, daß er sich von nun an mit Eifer aufs Schreiben stürzt, so als müsse er dort den Ruhm erringen, der ihm als Sportler und Akademiker letztlich versagt geblieben war.

Er ging zunächst nach New Haven, wo seine Eltern zu dieser

Zeit vorübergehend wohnten, und nahm einen Job in einer Tankstelle an. Kurz darauf kehrte er nach Lowell zurück. Dort hatte ihm ein Bekannter eine Stelle als Sportjournalist besorgt. Da sich Kerouac aber herzlich wenig um die Sportereignisse kümmerte, über die er berichten sollte, und sich statt dessen ausführlich mit den Romanen und den Erzähltechniken bei James Joyce beschäftigte, stand er nach zwei Monaten wieder auf der Straße. Offensichtlich hatte er Schwierigkeiten, es irgendwo längere Zeit auszuhalten. Schließlich ging er zur Handelsmarine und machte als Küchenjunge eine Reise auf dem Schiff »Dorchester« nach Grönland mit.

1941 war dies ein recht gefährliches Unternehmen, weil zu dieser Zeit häufig auch amerikanische Handelsschiffe von deutschen U-Booten versenkt wurden. So erging es dem Schwesterschiff der »Dorchester« mit tausend Mann an Bord und später auch der »Dorchester« selbst. Die Ängste, die er während dieser Fahrt ausstand, machten Kerouac »zum einzigen wahren Pazifisten auf der Welt«[15].

Aufzeichnungen über diese Fahrt kann man in seinem Roman *Die Verblendung des Duluoz* nachlesen. Er tauschte seinen Footballpullover gegen eine Eskimo-Harpune ein, bewährte sich wohl oder übel beim Deckschrubben, war bei einem Zwischenaufenthalt in Nova Scotia nach einem Landurlaub nicht rechtzeitig wieder an Bord und wurde dafür mit einem Lohnabzug von elf Dollar bestraft. Als sein Schiff in Boston auf Dock ging, hatte er achthundert Dollar verdient und war um einige Erfahrungen unter rüden Männern reicher.

Rechtzeitig zum Semesteranfang war er in New York, schrieb sich wieder in Columbia ein und wurde dort vom Trainer der Footballmannschaft mit offenen Armen aufgenommen. Doch als Lou Little ihn beim Eröffnungsspiel der Saison auf der Bank ließ, war das für Kerouac ein Grund, endgültig dem Footballsport den Rücken zu kehren. Mit der Kriegserklärung Japans, Italiens und Deutschlands an Amerika nach dem japanischen Überfall auf Pearl Harbour 1941 breitete sich unter den Studenten zunehmend patriotische Begeisterung aus.

Auch Kerouac scheint von ihr ergriffen worden zu sein, nachdem er abermals die Erfahrung hatte machen müssen, daß Lou Little eiskalt so mit ihm verfuhr, wie es für seine eigene Karriere als Trainer gerade opportun war.
Wenn es Jack abermals zur Marine zog, so spielt dabei wohl vor allem auch die Aussicht, fremde Länder zu sehen, eine Rolle. Er meldete sich zunächst bei der Kriegsmarine und, als er dort nicht umgehend zum Einsatz kam, auch noch bei der Küstenwacht.
Zu dieser Zeit war er mit einem Mädchen, Edie Parker, befreundet, das aus Grosse Pointe im Mittelwesten stammte und in New York bei den Großeltern lebte. Edie, deren Eltern wohlhabend waren, studierte ohne allzu großen Eifer Kunstgeschichte. Sie hatte wechselnde Männerbekanntschaften, wurde schließlich schwanger, ohne sich darüber klar zu sein, wer der Vater des Kindes war, das sie erwartete. Bei aller so lauthals proklamierten sexuellen Freizügigkeit zeigte Jack für diese Situation kein Verständnis und verweigerte Edie jegliche Hilfe. Es blieb Edies Großeltern überlassen, einen Arzt für eine Abtreibung zu finden. Der Vorfall beeinträchtigte das Verhältnis zwischen Edie und Jack.
Um die Weihnachtszeit wurde Kerouac zur Kriegsmarine eingezogen. Ehe er sich melden konnte, bekam er Masern und mußte zwei Wochen das Bett hüten. Seine Mutter pflegte ihn. Er hörte Schostakowitschs Fünfte Symphonie von der Schallplatte und schrieb an einem zweiten Roman mit dem Titel *Mein Bruder ist die See,* offensichtlich von Melville beeinflußt.
Als er wieder gesund war, besuchte er im Januar 1943 Mary Carney in Lowell. Er versuchte vor ihr den welterfahrenen Mann zu spielen und sie in einem Auto zu verführen. Daß Mary sich auf seine groben, in betrunkenem Zustand unternommenen Annäherungsversuche nicht einließ, hat Kerouac offenbar nie verwunden.
In *Maggie Cassidy* schiebt er als Grund dafür, daß die Verführung nicht klappte, einen Keuschheitsgürtel vor, den das geliebte Mädchen angeblich trug. Das aber scheint eher

eine Erfindung des Autors zu sein, der seiner Niederlage einen grotesken Anstrich zu geben versuchte, während er sich in Wirklichkeit wohl schämte. Jedenfalls endete mit dieser häßlichen Szene die Beziehung zwischen den beiden.

Als Kerouac schließlich bei der Kriegsmarine einrückte, kam ihm die Grundausbildung mit Wacheschieben und Marschieren im Gleichschritt unsäglich langweilig vor. Er war für die Offiziersausbildung vorgeschlagen, benahm sich aber zunehmend aufsässig und aggressiv.

Als er einmal zum Zahnarzt mußte, sagte er zu dem Dentisten der Kriegsmarine, der ihn offenbar nicht mit der nötigen Rücksicht untersuchte: »He, Doktor, es tut weh!« und wurde zurechtgewiesen, weil er den Arzt, der den Rang eines Leutnants besaß, nicht mit »Sir« angeredet hatte.

Bei einem Test stellte sich heraus, daß Kerouac den höchsten Intelligenzquotienten besaß, der je bei einem Soldaten der Kriegsmarine gemessen worden war. Auch das erregte bei den ausbildenden Offizieren eher Mißtrauen und führte zu abenteuerlichen Vermutungen.

Als ein Offizier Jack eines Morgens rauchen sah und ihm die Zigarette aus dem Mund schlug, setzte sich Kerouac zur Wehr. Danach legte er sein Gewehr am Rand des Übungsgeländes ab und ging in die Bücherei. Er las und machte sich Notizen, bis die Militärpolizei erschien, um ihn festzunehmen. Vor den Polizisten spielte er den Geistesgestörten und erklärte, er sei ein Feldmarschall. Und als bei dem Verhör zur Sprache kam, daß er als Taucher ausgebildet werden sollte, erwiderte er: »Ich bin kein Froschmann. Ich bin nur ein Frosch.«[16]

Er wurde einem Psychiater vorgeführt, der aber auch nur einen ungewöhnlich hohen Intelligenzgrad bei dem Aufsässigen feststellen konnte. Kerouac sagte bei diesem Gespräch: »Ich sehe die Notwendigkeit von Disziplin durchaus ein, aber ich kann mich einfach nicht diszipliniert verhalten. Ich bin kein Krieger, sondern ein Gelehrter.«[17]

Ein Offizier der Spionageabwehr, der ihn danach verhörte, äußerte den Verdacht, Jack sei ein Spitzel der Kommunistischen Partei Amerikas. Kerouac lachte ihm ins Gesicht und

erklärte ihm, das einzige, woran er stets geglaubt habe, sei die absolute persönliche Freiheit des Individuums.
Während die Ärzte noch über den merkwürdigen Patienten berieten, wurde Kerouac zu mehreren anderen Geisteskranken gesperrt. Der eine wurde »Roncho the Modmo« genannt und war ziemlich bösartig. Hinzu kamen einige Manisch-Depressive und ein junger Mann aus Massachusetts, der nicht sprach, aber ständig am Fenster stand und den Schlager *Shine on, Harvest Moon* summte, wozu Jack dann jeweils die zweite Stimme sang. Gefährlicher schien Big Slim, ein riesiger gewalttätiger Footballspieler aus Louisiana, der aber bald an Jack Gefallen fand und ihm beibrachte, wie man bei Glücksspielen mogelt, ohne daß es bemerkt wird.
Dieser Big Slim hatte in den unterschiedlichsten Berufen gearbeitet und auch als Tramp gelebt. Jeden Morgen weckte er Jack um fünf Uhr auf. Sie frühstückten dann zusammen. Immer wieder schlug Slim ihm vor, doch die Buttermesser zu behalten und damit das Zimmerschloß zu knacken. Wenn sie erst einmal draußen seien, könnten sie als blinde Passagiere nach Montana reisen, wo Slim einen Vagabunden kannte.
Bei einem weiteren Diagnosegespräch fragte der Psychiater Kerouac, wer er glaube, daß er sei. Wie Oliver Twist, die Romanfigur von Charles Dickens, antwortete Jack mit der Gegenfrage: »Ich, Sir?« Der Psychiater ging schließlich auf seine Behauptung ein, er sei ein englischer Schriftsteller, der vor zweihundert Jahren gelebt hatte. Als er herauszufinden versuchte, wie es zu dieser Vorstellung bei ihm gekommen sei, lautete Kerouacs Antwort: »Ganz einfach, ein Mann der Gelehrsamkeit ist ein Mensch voller Unabhängigkeit.«[18]
Um ihn loszuwerden, stuften ihn die Ärzte als schizoide Persönlichkeit mit Mächtigkeitsphantasien ein und bescheinigten ihm paranoides Verhalten. Das führte im Juni 1943, kurz nach seinem einundzwanzigsten Geburtstag, zu Kerouacs Entlassung aus der Kriegsmarine. Er selbst war fest davon überzeugt, daß die Diagnose lediglich durch seine ungewöhnliche Intelligenz zustande gekommen war.
Mit seiner Weigerung, sich strikter Autorität zu unterwerfen,

nahm er das Verhalten vieler Angehöriger der Beat-Generation vorweg, die versuchten, sich mit ungewöhnlichem, bizarrem Auftreten den Zwängen der gesellschaftlichen Norm zu entziehen.

»Kerouac«, urteilt John Tytell, »haßte im Grunde die Brutalität des Footballsportes und konnte die sinnlose Schleiferei in der Kriegsmarine nicht ertragen. Beide Systeme forderten blinden Gehorsam. Seine Reaktion war in beiden Fällen ein Wutausbruch. Statt sich den Gegebenheiten zu unterwerfen, entflatterte er mit vogelhafter Schnelligkeit. Daß die Rebellion sich gewissermaßen spontan vollzog, macht sie eigentlich nur überzeugender und zum Ausdruck einer starken Persönlichkeit, die sich nicht in die üblichen gesellschaftlichen Bahnen eingrenzen läßt.«[19]

Was folgte, war eine für Kerouac besonders unglückliche Zeit. In diesen Tagen, da viele junge Leute im Krieg zu Helden erklärt wurden oder daheim Karriere machten, stand er als Versager da. Seine Eltern hatten kein Verständnis für sein aufsässig-unangepaßtes Verhalten. Der Vater, der, an Krebs erkrankt, seinem körperlichen Zusammenbruch entgegentrieb, schimpfte über die Pläne des Sohnes, Schriftsteller zu werden.

Um den unerträglichen Lebensumständen in der Familie zu entfliehen, nahm Kerouac wiederum einen Job bei der Handelsmarine an. Er heuerte auf einem Schiff für eine Fahrt nach Liverpool in England an.

Bei der Einfahrt in den dortigen Hafen rammte das Schiff ein Dock, offenbar weil der Kapitän betrunken war. Die zwei Tage Landurlaub nutzte Kerouac zu einem Besuch in London, wo er unter anderem ein Konzert in der Royal Albert Hall hörte und von einer Prostituierten seines gesamten Soldes beraubt wurde, so daß er sich in dem Büro einer amerikanischen Schiffahrtsgesellschaft für die Rückfahrt nach Liverpool Geld leihen mußte. Dort suchte er sich abermals eine Prostituierte und nahm sie unter freiem Himmel, an die Mauer eines Denkmals gelehnt. Offenbar war er bestrebt, beim Landgang voll und ganz dem Klischee vom abgebrühten Matrosen zu

entsprechen, und dies vielleicht gerade deshalb, weil er ihm sonst in den Augen seiner Kameraden ganz und gar nicht entsprach.
Auf dem Weg zum Schiff mußte er sich mit einer Horde von Raufbolden herumschlagen. In Liverpool hatten die Gasthäuser geschlossen, weil kein Bier mehr gebraut wurde, und er hörte die Leute erzählen, sie ernährten sich von Würsten, die aus Sägespänen und Kohlenstaub in der Badewanne hergestellt würden. Die Erlebnisse dieses Urlaubs glichen einem Alptraum. Aber Kerouac behauptete später, gerade seine Schreckenserlebnisse und seine Verzweiflung hätten dazu geführt, daß ihm noch vor Abfahrt des Schiffes der Plan zu einem sein ganzes Leben und all seine Abenteuer umfassenden Roman eingefallen sei, den er »Die Duluoz-Legende« nennen wollte. Er habe an der Schreibmaschine in dem Büro des Zahlmeisters gesessen und plötzlich den Zwang verspürt, eine »Geschichte der Gegenwart« zu verfassen. Der Stil schien ihm dabei eher nebensächlich, wichtig war, daß die Erzählung die Ereignisse und Gedanken, die sich seinem Bewußtsein eingeprägt hatten, mit absoluter Ehrlichkeit wiedergeben würde.
Im Vorwort zu seinem Roman *Big Sur* hat er später über diesen Plan geschrieben:
»Mein Werk umfaßt ein immens langes Buch wie das von Proust. Der Unterschied besteht nur darin, daß meine Erinnerungen fortlaufend niedergeschrieben wurden und nicht im nachhinein auf einem Krankenbett. Da die Verleger meiner früheren Bücher Einwände erhoben haben, war es mir nicht gestattet, in allen Büchern dieselben Namen für die Romanfiguren zu verwenden.«[20]
Er selbst hingegen, so fährt er fort, betrachte die einzelnen Bücher »als die Kapitel des gesamten Werkes, das ich *The Duluoz Legend* nenne. Ich beabsichtige, im Alter meine gesamte Arbeit durchzusehen und mein Pantheon an einheitlichen Namen wieder einzusetzen und glücklich zu sterben. Das Ganze fügt sich zu einer großen Komödie zusammen, die durch die Augen des armen Ti Jean (ich) gesehen wird, im

übrigen auch als Jack Duluoz bekannt. Die Komödie dreht sich um die Welt rasanter Aktion, um die Verrücktheiten und auch um die zarte Süße, wie sie durch das Schlüsselloch seines Auges gesehen wird«[21].
Nach einer stürmischen Rückreise über den Atlantik, bei der das Schiff von deutschen U-Booten angegriffen wurde, überkam Kerouac ein Freudentaumel, als er wieder die Skyline von New York vor sich sah. Mit seiner Lohntüte in der einen und einem Bierglas in der anderen Hand versetzte er seine Kameraden mit einer emphatischen Rede in Erstaunen. In der Wohnung seiner Eltern, in Ozone Park in Queens im Staate New York, begann er an der ersten Fassung seines Romans *The Town and the City* zu arbeiten, eine Geschichte, mit der er sich vor dem sterbenden Vater zu rechtfertigen und sich über seine Erlebnisse während der Kriegsjahre klarzuwerden versuchte.

Ein Mord und ins Gefängnis

»Laß uns abhauen und auf geht's
ins Innere der Nacht
in die Schwarzbrennerei der Seele
Wir wollen uns neu entdecken dort
wo die Subways anhalten und warten
unter dem Fluß.
Übersetzen
ins absolut Rätselhafte.
South Ferry wird es nicht ewig geben...«[22]
Lawrence Ferlinghetti

In diesen Wochen traf Kerouac auch Edie Parker wieder. Sie hatte immer noch wechselnde Männerbekanntschaften unter den Seekadetten und besuchte nun einen Zeichenkurs bei George Grosz, einem bekannten deutschen Maler und Zeichner des Dadaismus und Expressionismus, der 1933 Berlin hatte verlassen müssen und in den USA im Exil lebte. In Grosz' Kurs begegnete sie auch Lucien Carr, einem schlanken, blonden jungen Mann, der ihr hin und wieder beim Zeichnen über die

Schulter geschaut hatte. Lucien war schlagfertig, zog die Blicke der Frauen auf sich, trug mit Vorliebe rote Hemden und ging aus jeder Frotzelei im Hörsaal und am Tresen als Sieger hervor.

Edie war ihren Großeltern inzwischen entwischt und teilte eine Wohnung mit einer gewissen Joan Vollmer, die Journalismus studierte und mit einem Jurastudenten verheiratet war, der in der Armee diente. In dieser Wohnung in der Nähe der Columbia-Universität herrschte ein ständiges Kommen und Gehen. Ein großer Kreis von Studenten, jungen Matrosen und Bohemiens benutzte die Zimmer mehr oder weniger als Absteige. Die Sitten waren locker. Bald ließ sich Joan von ihrem Mann scheiden. Nach der Geburt einer Tochter lebte sie mit dem Schriftsteller William Burroughs zusammen, der zu dieser Zeit ebenfalls in Columbia studierte.

Burroughs, geboren 1914 als Enkel des Erfinders der Registrierkasse, war in einem Internat in Los Alamos aufgewachsen, wo die Kinder reicher Familien durch Härtetraining zu guten Sportsleuten erzogen werden sollten. William Burroughs hatte sich gegen solche Pfadfinderspiele gewehrt und Zuflucht bei der Literatur gesucht. Noch im Internat eignete er sich umfassende Kenntnisse der literarischen Moderne in Europa an, deren Werke damals in den USA auch in Studentenkreisen nur wenige kannten. Er las Baudelaire, Anatole France, André Gide, Oscar Wildes *Bildnis des Dorian Gray* und James Joyce.

Als Schüler wird Burroughs als so hochaufgeschossen wie ein Gouverneur in den Kolonien geschildert, so widerwärtig wie eine alte Tante und so degeneriert, wie der Tag lang ist. Außerdem hatte er eine romantische Vorliebe für die Welt des Verbrechens entwickelt.

An der Universität hörte er zunächst Literatur, Linguistik und Anthropologie, reiste in Europa umher und hatte sich, Medizin studierend, sechs Wochen in Wien aufgehalten, ehe er versuchte, in den CIA einzutreten, aber trotz guter Verbindungen abgelehnt wurde.

Während eines Aufenthalts in Chicago, wo er als Barmixer

und Privatdetektiv gearbeitet hatte, frönte er seiner Vorliebe für die Atmosphäre der Berufsverbrecher.
Nun wohnte er in einer Wohnung im New Yorker Künstlerviertel »Village«. Er erhielt von seinen Eltern, die ihre Anteile an der Registrierkassenfirma noch vor der Weltwirtschaftskrise verkauft hatten und nun ein Antiquitätengeschäft betrieben, monatlich zweihundert Dollar.
Kerouac lernte Burroughs durch Edie und Joan kennen. Burroughs zeigte sich an Kerouac interessiert, weil dieser zur See gefahren war und schrieb. Er stellte sich vor, auf einen zweiten Jack London gestoßen zu sein, und damit hatte er gar nicht so unrecht. Kerouac andererseits war von Burroughs' Belesenheit beeindruckt. Sehr bald fanden sie sich in endlose Diskussionen über Blake, Rimbaud und Hart Crane verwikkelt. Burroughs machte Jack mit Kafka, Celine, mit Cocteaus Schriften über Opium und mit dem Werk des Psychologen Wilhelm Reich bekannt. Burroughs' Fähigkeit, Shakespeare-Zitate aus dem Ärmel zu schütteln, erregte Kerouacs Bewunderung. Er las Burroughs' zynisch-witzige Satire *Das letzte Glimmen des Zwielichts,* ein Prosastück, in dem der Untergang der Titanic, ganz ähnlich wie später bei Hans Magnus Enzensberger, zur Metapher für den gesellschaftlichen Bankrott der westlichen Welt wird.
So wurde der neue Bekannte zu Kerouacs literarischem Mentor. Ebenfalls zu dieser Gruppe literarisch interessierter Studenten, freizügig lebender junger Frauen, Homosexueller und kleiner Ganoven gehörte der siebzehnjährige Allen Ginsberg, der in diesem Jahr sein Studium in Columbia begann. Er war der Sohn von Louis Ginsberg, einem akademischen Dichter, der an der High-School in Paterson, New Jersey, unterrichtete. Seine Mutter, Naomi Ginsberg, war zu dieser Zeit schon wegen fortschreitender Schizophrenie in einer Nervenklinik untergebracht. Sie war eine leidenschaftliche Linksradikale, was gewiß nicht ohne Einfluß auf das spätere politische Engagement ihres Sohnes in der amerikanischen Friedensbewegung blieb. Damals sah sich der junge Mann mit den abstehenden Ohren und der übergroßen

Hornbrille als angehender Arbeiterführer. Allen war hochbegabt, litt jedoch unter seinen homosexuellen Neigungen. Als sie ihm bewußt geworden waren, hatte er sich aus Angst vor Schande und Isolation gefürchtet, sich zu ihnen zu bekennen.
Ginsberg und Kerouac freundeten sich bald an und unternahmen lange Spaziergänge durch New York, auf denen sie philosophische Gespräche über die Verlorenheit des Individuums im Universum führten.
Eine gefährliche Zuspitzung in den Beziehungen ergab sich in dieser Gruppe von genialen Spinnern durch das Auftauchen eines gewissen Dave Kammerer, ein Lehrer, der seit Jahren in seinen ehemaligen Schüler Lucien Carr aus St. Louis verliebt war und diesem durch halb Amerika gefolgt war. Seit geraumer Zeit stellte Kammerer Carr in New York auf der Straße nach oder tauchte auf Partys auf, zu denen auch Lucien Carr eingeladen war.
Carr, dem Kammerers Werben auf die Nerven ging, ließ ihn hochmütig abblitzen. Am 13. August 1944 endete diese tragische homoerotische Liebesbeziehung mit einer Katastrophe.
Nachdem beide Männer im West End getrunken hatten, folgte Kammerer Carr in den Riverside Park und bedrängte ihn dort. Carr zog ein Messer und stieß es Kammerer in die Brust. Nachdem Kammerer tot zusammengebrochen war, warf Carr die Leiche in den Hudson River. Von Schuldgefühlen und Ängsten gepeinigt, lief er darauf zu Burroughs, weckte diesen und fragte ihn um Rat, was er nun tun solle. Burroughs riet ihm, sich der Polizei zu stellen. Carr fuhr statt dessen in die Wohnung der beiden Frauen und traf dort Kerouac an. Der ging mit Carr noch einmal zum Tatort und half ihm dabei, die Tatwaffe verschwinden zu lassen.
Die folgenden zwei Tage verbrachten Kerouac und Carr in Bars in Harlem, in Kinos und im Museum of Modern Art, offensichtlich bestrebt, sich von dem schrecklichen Ereignis abzulenken.
Schließlich wurde die Leiche Kammerers von der Wasserpoli-

zei gefunden und identifiziert. Die Polizei erschien in der Wohnung von Edie und Joan und nahm Kerouac wegen Beihilfe zum Mord fest.

Gegen eine Kaution von hundert Dollar hätte er auf freien Fuß kommen können. Aber sein Vater konnte eine so hohe Summe nicht aufbringen. Außerdem war Leo empört, als er hörte, welche Umstände seinen Sohn ins Gefängnis gebracht hatten.

Nach seiner Verhaftung hatte Jack vor dem Untersuchungsrichter ausgesagt: »Ich habe nur mit angesehen, wie Carr die Brille vergraben hat.« Die Antwort lautete: »Das kommt der Beihilfe zumindest ziemlich sehr nahe. Wir werden Sie erst einmal in unserem neuen Stadtgefängnis versorgen.«[23]

Burroughs hatte unterdessen New York verlassen und war zu seinen Eltern nach St. Louis gefahren. Man hatte auch ihn mit der Tat in Verbindung gebracht, aber seine Familie bekam ihn gegen eine Kaution in Höhe von 2500 Dollar frei. Später kehrte er rechtzeitig zum Prozeß gegen Carr nach New York zurück. Mitte September 1944 wurde Lucien Carr wegen Totschlags zu einer Haftstrafe von unbestimmter Dauer verurteilt und in das Elmira-Zuchthaus überstellt. Unterdessen hatte Edie versucht, das Geld für Jacks Kaution über ihren Großvater zu beschaffen. Der Rechtsanwalt der Familie riet, ihr das Geld nur dann zu geben, wenn Jack und Edie verheiratet seien.

Also einigten sich die beiden auf eine Heirat. Vom Gefängnis in der Bronx wurde der Bräutigam von einem Gefängniswärter zum Rathaus geführt, wo die Zeremonie stattfand. Ein Kriminalbeamter in Zivil war Trauzeuge. Anschließend lud das Hochzeitspaar ihn und eine Freundin von Edie auf einen Drink ein. Danach wurde Jack ins Gefängnis zurückgebracht.

Sobald die Kaution hinterlegt worden war und Jack auf freien Fuß gesetzt wurde, reiste er mit seiner jungen Frau zu deren Eltern nach Grosse Pointe. Den Unterschied der Familien, aus denen die Ehepartner kamen, faßte Jack in dem Satz zusammen: »Meine Mutter arbeitet in einer Schuhfabrik und deine

Mutter besitzt eine.«[24] Die Ehe hielt ganze zwei Monate, genauso lange, wie Jack brauchte, um als Fabrikarbeiter jene hundert Dollar anzusparen, die er Edie für die Kaution schuldete. Darauf kehrte er wieder nach New York zurück, nun wild entschlossen, ein erfolgreicher Schriftsteller zu werden.

Der Verlauf der Beziehung zu Edie ist bezeichnend für Kerouacs Verhältnis zu Frauen überhaupt.

Er scheut feste Bindungen. Wenn er Edie geheiratet hat, so wohl hauptsächlich deswegen, um rasch aus der Haft freizukommen. Durch die Opfer, die sie dabei für ihn bringt, fühlt er sich ihr gegenüber in keiner Weise verpflichtet. Daß er aus der Beziehung so rasch wieder flieht, liegt wohl auch daran, daß Edies Familie wohlhabend ist. Sein Stolz läßt es nicht zu, vor ihr und ihren Angehörigen als erfolgloser Autor oder einfacher Arbeiter dazustehen. Bei aller Kritik an den geltenden Konventionen hat Kerouac die Vorstellung nicht überwunden, daß der Mann immer überlegen sein muß, auch in seiner gesellschaftlichen Stellung und seinem Ansehen. Die Frau soll zu ihm aufschauen, ihn bewundern.

Solche Vorstellungen haben Konsequenzen für Kerouacs literarische Arbeiten. Die Frauengestalten in all seinen Romanen bleiben klischeehaft oder undeutlich. Sofern Frauen überhaupt genauer geschildert werden, treten dabei vor allem Ängste vor ihnen zutage. Die einzige Ausnahme stellt vielleicht die Erinnerung an seine erste große Liebe Mary Carney in *Maggie Cassidy* dar. Es ist gewiß auch kein Zufall, daß der Name, den Kerouac für den Roman gewählt hat, dem seines Freundes (Cassady) bis auf einen Buchstaben gleicht.

Mit dem Mordfall Carr-Kammerer löste sich der Freundeskreis Kerouacs in New York auf. Ginsberg sah sich endlich in der Lage, seine unerwiderte Liebe zu Burroughs offen einzugestehen. 1946 begab er sich auf eine lange Reise mit einem Frachtdampfer. Als er 1947 an die Columbia-Universität zurückkehrte, kam es zu einem Skandal, als sich herausstellte, daß er den inzwischen aus dem Gefängnis entlassenen Lucien

Carr in seinem Zimmer im Studentenheim beherbergte. Zunächst sollte Ginsberg für immer vom Studium ausgeschlossen werden, aber dann setzten sich zwei seiner Lehrer für ihn ein. Sie erwirkten, daß er nur beurlaubt wurde und weiterstudieren durfte, sobald er ein psychiatrisches Gutachten vorlegte, aus dem hervorging, daß er dazu gesundheitlich wieder in der Lage sei.

Nachdem Ginsberg eine Zeitlang als Nachtportier, Kellner und Tellerwäscher im Viertel um Times Square gearbeitet hatte, besuchte er vier Monate eine Schule der Handelsmarine. Er machte seine Abschlußprüfung an der Columbia-Universität, um danach sieben Monate zur See zu fahren.

Kerouac wohnte nun wieder bei seinen Eltern, las viel – unter anderen *Moby Dick, Söhne und Liebhaber* von D. H. Lawrence und Pascals *Pensées* – und schrieb an seinem Roman. Während Mémêre das Geld verdiente, starb Leo unter Jacks Augen einen langsamen, qualvollen Krebstod. Um sich nachts munter zu halten und um überhaupt inspiriert arbeiten zu können, begann Kerouac Benzedrin, ein sogenanntes Weckamin zu nehmen. In Briefen an Ginsberg erklärte er, die Droge erweitere zwar das Bewußtsein, mache aber den Körper schlapp und bewirke bei ihm Haarausfall. Im Dezember 1945 wurde er ernsthaft krank. Der starke Benzedrinkonsum führte zur Bildung von Blutgerinnseln in den Beinen. Wenn eines dieser Gerinnsel bis ins Herz gelangt wäre, hätte das für ihn den sicheren Tod bedeutet. Wochenlang lag Jack mit heißen Kompressen um den Beinen im Krankenhaus, während die Ärzte darüber berieten, ob eine Amputation nötig werden würde.

Nicht nur durch seine eigene gefährdete Situation, sondern auch durch die Erfahrungen mit seinem Vater, der im Frühjahr starb, sah Jack sich gedrängt, über die Endlichkeit alles menschlichen Tuns nachzudenken.

Er kam zu einer Einstellung, die er Jahre später in seinem Buch *Die Verblendung des Duluoz* festgehalten hat: Ein Schriftsteller schafft nur dann ehrlich und mit ganzer Kraft, wenn er sich klarmacht, daß er mit jeder Zeile, die er zu Papier

bringt, eine Art Schutzwall gegen das Sterben errichtet. Beeinflußt wurden solche Vorstellungen unter anderem auch von Prophezeiungen, die Kerouac wieder den Werken Oswald Spenglers entnahm: Unabwendbar werde bald eine endzeitliche Dunkelheit über alle Zivilisationen hereinbrechen.
Noch im Krankenhaus hatte Jack einen kürzeren Roman beendet, der unter dem grotesken Titel *Und die Nilpferde verschmorten in ihren Tanks* die Carr-Kammerer-Affäre zum Inhalt hatte. Wieder daheim, stürzte er sich mit Eifer in den Endspurt am Manuskript von *The Town and the City,* das in manchen der später verworfenen Versionen um die 2000 Seiten umfaßt haben soll.

Neal Cassady oder das andere Ich

Während Kerouac fieberhaft an dem Manuskript von *The Town and the City* arbeitete, erhielt er einen Brief von einem gewissen Neal Cassady, der zum Helden seiner beiden nächsten Bücher werden sollte. Cassady befand sich zu dieser Zeit in einer Besserungsanstalt in New Mexico. Der Kontakt ergab sich über Hal Chase, einen Kommilitonen Jacks aus seiner Studienzeit in Columbia. Wenn die Darstellung in *On the Road* der Wirklichkeit entspricht, ging es um eine Auskunft über Nietzsche, die Cassady ursprünglich von Hal (im Buch Chad King) erbeten hatte und die dieser an Kerouac weitergab. »Gelegentlich sprachen Carlo [Allen Ginsberg] und ich über die Briefe«, heißt es dazu in *On the Road* weiter, »und überlegten, ob wir diesen merkwürdigen Dean Moriarty [in Wirklichkeit Neal Cassady] wohl jemals kennenlernen würden.«[25]
Kurz darauf kam Cassady zusammen mit seiner sechzehnjährigen Braut LouAnne nach New York und lud Kerouac in seine Wohnung in einem Mietshaus in Harlem ein. Als Kerouac dort an die Tür klopfte, Cassady ihm öffnete und nackt im Türrahmen stand, war das für ihn ein schockartiges Erlebnis. Der Mann, den er vor sich sah, war nahezu sein Spiegelbild.

Auch auf Fotografien aus späteren Jahren sind die beiden Männer manchmal kaum auseinanderzuhalten, so ähnlich sehen sie sich.
Cassady war als Halbwaise mit einem Vater, der als Stadtstreicher lebte, in den »skid rows«, den Schmutzgassen von Denver, unter Alkoholikern, Spielern und kleinen Kriminellen aufgewachsen. Als der Junge in die Pubertät kam und anfing, sich für Mädchen zu interessieren, begann er Autos zu stehlen, teils um seinen Freundinnen zu imponieren, teils um eine Bleibe zu haben, in der er mit ihnen schlafen konnte. Die Diebstähle wurden bald aufgeklärt. Neal wanderte in Jugendgefängnisse und Besserungsanstalten, wo er all das lernte, was ihm an krimineller Erfahrung bis dahin noch gefehlt hatte. Gleichzeitig aber fiel Studenten, die mit ihm in Berührung kamen, seine literarische Begabung auf, die sie um so mehr beeindruckte, da Neal nur immer kurzfristig die Schule besucht hatte.
»Mein erster Eindruck von Dean«, heißt es in *On the Road*, »war der eines jungen Gene Autry – sauber, schmalhüftig, blauäugig, mit einem echten Oklahoma-Akzent –, ein Held aus dem schneereichen Westen mit Koteletten im Gesicht...«[26] Aber lebendiger als durch diese Beschreibung seines Äußeren wird Dean/Neal in anderen Sätzen, nur ein paar Seiten weiter: »Er war einfach ein Junge, den das Leben furchtbar erregte, und wenn er auch ein Hochstapler war, so schwindelte er nur, weil er so heftig leben und mit Menschen zusammenkommen wollte, die ihm sonst keine Beachtung geschenkt hätten. Er nahm mich aus und wickelte mich ein, und ich wußte es (mit Wohnung und Essen und ›Wieschreibt-man‹ usw.), und er wußte, daß ich es wußte (das war die Grundlage für unsere Beziehungen) ... Ich begann, genausoviel von ihm zu lernen, wie er vermutlich von mir lernte. Was meine Arbeiten anging, meinte er: ›Nur weiter, alles, was du machst, ist großartig.‹ Er sah mir über die Schulter, wenn ich Geschichten schrieb, und schrie: ›Ja! So ist's richtig! Prima, Mensch!‹ und ›Dufte!‹ und wischte sich mit dem Taschentuch das Gesicht. ›Mensch, du, es gibt so viel zu

tun, so viel zu schreiben. Wie soll man überhaupt *anfangen,* das alles zu Papier zu kriegen – ohne modifizierte Einschränkungen und ganz frei von literarischen Hemmungen, grammatikalischen Ängsten und solchen Dingern.‹«[27]

Es war also Neal Cassadys Lebendigkeit, seine Unbekümmertheit, die Aura von Wildheit und Freiheit, die Kerouac gefiel.

Mit Cassady begegnete Kerouac ein asozialer Mensch, der rücksichtslos seinen Gelüsten – schnelle Autos, Frauen, aber auch sexuelle Beziehungen zu Männern – lebte, ohne Bedauern, moralische Skrupel oder schlechtes Gewissen. Immer hin und her gerissen zwischen der von seiner Mutter dominierten, wohligen Kleinbürgerwelt und dem Lebensgefühl einer Gruppe von Abenteurern in Columbia, machte Kerouac sofort aus Neal einen Helden – seinen Helden, den er liebte und bewunderte. Mal sah er in ihm das Ebenbild seines verstorbenen Bruders Gerard, ein andermal wieder sprach er von Blutsbrüderschaft. Cassady andererseits erhoffte sich wohl zunächst vor allem, von dem neuen Freund beim Schreiben beraten zu werden.

Cassadys Aufenthalt in New York war nur von kurzer Dauer gewesen. Die beiden Männer schrieben einander lange, bekenntnishafte Briefe, in denen sie sich die wichtigsten Ereignisse ihres bisherigen Lebens erzählten, und zwar auch solche, über die viele junge Leute in der prüden Atmosphäre Ende der vierziger, Anfang der fünfziger Jahre auch miteinander nicht zu sprechen wagten.

Die rückhaltlose Offenheit in Cassadys Erzählstil, seine von Umgangssprache, Slang der Vagabunden und Asozialen, aber auch vom Jazz geprägte Ausdrucksweise begeisterten Jack und setzten in ihm etwas frei, wozu er sich bisher nicht zu bekennen gewagt hatte. In den mündlichen Erzählungen und den Briefen entstand jener Sprachstil der Beat-Generation, der Kerouacs Romanen aus heutiger Sicht Authentizität, sprachliche Originalität und vor allem ihre Lebendigkeit verleiht.

Im Sommer 1947 hörte Kerouac plötzlich mit der Arbeit an *The Town and the City* auf und brach zu einer großen Tramp-

und-Erfahrungs-Fahrt in den Westen der USA auf. Es war eine jener Reisen, wie sie später Allen Ginsberg in *Das Geheul* mit Strophen wie der folgenden umschrieb:
»... die auf die Straßen der Vergangenheit rasten um hinzureisen jeder zu des andern Rennwagen-Golgatha, Gefängnis-Solitude-Wacht oder Birmingham-Jazz-Auferstehung,
die querfeldein fuhren zweiundsiebzig Stunden um 'rauszufinden ob ich Vision oder du Vision oder er Vision hätte, um zu entdecken die Ewigkeit...«[28]
Zunächst kam es zu einem Treffen in Denver, Colorado. Da Cassady dort gerade in endlose Diskussionen mit Ginsberg verwickelt war, der sich in ihn verliebt hatte, und er außerdem noch zu zahlreichen Frauen Beziehungen unterhielt, fand er wenig Zeit für Kerouac, der sich entschloß, bis nach San Francisco weiterzutrampen. Das gelang ihm auch, nicht zuletzt wohl deswegen, weil er unterwegs einen alten Freund aus der Vorbereitungsschule traf, der ihn im Auto mitnahm.
Da ist die Poesie des Unterwegsseins, des Unerwarteten, da ist ein Sinn für die Schönheit des Alltäglichen, die Lust auf einen Zustand, in dem wieder alles möglich ist, Freude und Leid, die Erfahrung von Natur in ihrer Schönheit und Feindlichkeit, von Freundlichkeit, auch von Egoismus, mit einem Wort: Unmittelbarkeit.
Genau dies hat Kerouac wie kein anderer zu beschreiben verstanden. Wenn man sich fragt, was die Helden seiner Bücher – und damit auch der Autor selbst – auf den hier beginnenden schier endlosen Kreuzundquerfahrten durch die USA suchten, so sind es genau solche Entdeckungen, die für sie nur im Ausnahmezustand des Reisens möglich sind.
Dabei spielt freilich die alte Mythe, die im 19. Jahrhundert die Pioniere immer weiter nach Westen hatte ziehen lassen, als Erinnerung eine Rolle. Hier ist es öd, trist, armselig, aber hinter dem nächsten Bergrücken, jenseits des nächsten Flusses, hinter der nächsten Wegkreuzung kann schon alles ganz anders sein. Dort winkt vielleicht das Glück, dort liegt vielleicht das Paradies.
Natürlich sind Kerouac und seine Helden auf der Flucht – auf

der Flucht vor Erstarrung, Langeweile, Uniformität, Eingesperrtsein. Aber die Freiheit, die sie suchen, ist nicht nur eine Illusion. Sie verwirklicht sich in Bildern der Landschaft:
»In der Dämmerung kamen wir nach Council Bluffs; ich blickte hinaus. Den ganzen Winter über hatte ich von den großen Wagengemeinschaften gelesen, die hier Rast hielten, bevor sie die Pfade nach Oregon und Santa Fé einschlugen; und natürlich sah man jetzt nur neckische Vorstadthäuschen in dem einen oder anderen entsetzlichen Stil; sie breiteten sich in der trüben grauen Morgendämmerung aus. Dann Omaha und, bei Gott, der erste Cowboy, den ich sah, er ging in einem Zehn-Gallonen-Hut und Texas-Stiefeln an der öden Mauer des Fleisch-Großlagers entlang und sah aus wie irgendein abgetakelter Charakter an den Ziegelmauern der Lagerhausviertel im Osten, außer, was die Aufmachung angeht. Wir stiegen aus dem Bus und wanderten den ganzen Hügel hinauf, den langen, über die Jahrtausende vom mächtigen Missouri geformten Hügel, an dem entlang Omaha gebaut ist, und kamen in die Landschaft hinaus und streckten unsere Daumen aus. Eine kurze Strecke wurden wir von einem reichen Viehzüchter in einem Zehn-Gallonen-Hut mitgenommen, der sagte, das Platte-Tal sei ebenso groß wie das Nil-Tal in Ägypten, und als er das sagte, sah ich in der Ferne die großen Bäume, die sich längs des Flußbettes reihten, und die grünenden Felder drum herum, und gab ihm beinahe recht.«[29]
Die Freiheit verwirklicht sich in Gesprächen, in der Art, wie Menschen spontan erzählen, sich mitteilen, zum Beispiel im Kontakt mit einem Lkw-Fahrer:
»Der Kerl brüllte in das Gebrumm hinein, und ich brauchte nur zurückzubrüllen; und wir machten es uns bequem. Und er rollte das Ding bis Iowa City und brüllte mir die ulkigsten Geschichten zu: wie er die Polizei in jeder Stadt mit unfairer Geschwindigkeitsbegrenzung zum besten gehalten hatte, und sagte immer und immer wieder: ›Diese gottverdammten Polypen werden *mir* keine Fliegen auf den Arsch setzen!‹...«[30]
Die Freiheit wird auch erfahren im Jazz, der damals von der

ordentlichen weißen Mittelschicht zumindest mit Mißtrauen betrachteten, wenn nicht mit Ablehnung als »Niggerzeug« diskriminierten Musik Amerikas:
»Der Wind vom Michigansee, Be-bop auf dem Loop, lange Spaziergänge in South Halsted und North Clark, und ein langer Spaziergang nach Mitternacht in das ›Dschungelviertel‹, wo mir ein Patrouillenwagen folgte, weil er mich für eine verdächtige Figur hielt. Zu jener Zeit, 1947, stand ganz Amerika wie wahnsinnig auf Be-bop. Die Typen auf dem Loop bliesen ihn, aber mit müden Mienen, denn der Be-bop befand sich gerade in einem Übergangsstadium zwischen Charlie Parkers ›Ornithology‹-Periode und einer anderen, weniger hitzigen Periode, die mit Miles Davis einsetzte. Und ich saß da und lauschte den Tönen der Nacht, deren Inbegriff Be-bop für uns alle geworden war; ich dachte an alle meine Freunde von einem Ende des Landes zum anderen, und wie sie eigentlich alle in demselben Hinterhof irre und rasende Dinge trieben...«[31]
Wieder durch die ganze Breite des Subkontinents per Autostopp nach New York zurückgekehrt, gelang es Kerouac nun, *The Town and the City* abzuschließen. Außerdem entstanden zu dieser Zeit schon die ersten Skizzen zu *On the Road,* die von dem Erlebnis der großen Reise durch die USA nach Westen und wieder zurück unmittelbar beeinflußt waren.
Zu Weihnachten 1948 befand sich Jack zusammen mit seiner Mutter bei seiner Schwester Nin in Rocky Mount in North Carolina. Da tauchte dort unerwartet auch Neal Cassady auf. Jetzt verwirklichte sich Jacks Wunsch, einmal zusammen mit dem Freund zu reisen. In einer Nonstopfahrt transportierten Jack und Neal zunächst Möbel für Mémêre nach Ozone Park bei New York und fuhren dann die Strecke von 450 Meilen sofort wieder zurück, nur um zu Silvester abermals nach New York zu rasen. In North Carolina erhielt Neal einen Hilferuf seiner zweiten Frau Carolyn, die dringend Geld brauchte. Cassady besaß kein Geld, versprach ihr jedoch heimzukommen und den Freund mitzubringen. Von New York fuhren sie zunächst aber nach New Orleans, wo, in der Sumpflandschaft

Bayous versteckt, Burroughs und Joan lebten, nachdem sie zuvor auf einer einsamen Farm in Texas Marihuana angebaut und die Droge über Zwischenhändler unter hohen Gewinnen nach New York verkauft hatten. Inzwischen war die Polizei auf sie aufmerksam geworden, und es war ihnen ratsam erschienen, ihren Wohnsitz zu wechseln.

Burroughs, der sich Morphium spritzte, Schriften der Mayas las und, um sich zu entspannen, auf Inhalationsapparate für Benzedrin schoß, konnte nicht begreifen, daß jemand wie Jack Vergnügen daran fand, mit einem halbverrückten Cowboy, als den er Neal ansah, über Land zu rasen.

Er fragte Kerouac: »Was willst du eigentlich da drüben an der Westküste?« Jack konnte ihm keine plausible Antwort geben außer der, man wolle sich »bewegen«.[32]

Am 29. Januar 1949, praktisch ohne Geld, brachen Cassady und Kerouac nach Kalifornien auf. Mit von der Partie war noch Cassadys Ex-Ehefrau LouAnne. Den Mississippi überquerten sie bei Port Allen. Sie betraten den Westen durch die Hintertür, fuhren durch unheimlich wirkende Sümpfe.

Am nächsten Nachmittag im westlichen Texas setzte sich LouAnne auf den Vordersitz zwischen Cassady und Kerouac. Unbekleidet fuhren sie der untergehenden Sonne entgegen.

In El Paso hielt Neal. Der Stoff war ihnen ausgegangen. Cassady besorgte bei einem verrückten jungen Burschen Marihuana; Jack und LouAnne warteten auf ihn an der Busstation.

In San Francisco angekommen, warf Cassady seine Mitfahrer an irgendeiner Straßenecke aus dem Wagen und ging seiner Wege. Zum erstenmal bekam Jack die Rücksichtslosigkeit des bewunderten Freundes am eigenen Leib zu spüren. »Der läßt dich draußen erfrieren, wenn er gerade etwas anderes vorhat«[33], erklärte ihm LouAnne.

Zwei Tage verbrachte Jack mit dem Mädchen in einer Absteige. Schließlich verließ ihn LouAnne. Allein und verzweifelt wanderte er durch die Straßen von San Francisco. Als er im Hotel wieder einmal hereinschaute, wartete dort Neal auf ihn und nahm ihn mit zu sich nach Hause.

Vorübergehend arbeitete Jack im Frühjahr 1949 an der Westküste auf dem Bau. Sobald er aber einen Scheck in den Händen hielt, den ihm seine Mutter geschickt hatte, entschloß er sich, mit dem Bus zurück in den Osten zu reisen. Am letzten Abend ging er mit dem völlig abgebrannten Cassady in einen Jazzclub und hörte dort Slim Gaillard, von dem Neal so begeistert war, daß er ihm einen Drink spendierte, den Jack bezahlen mußte.

Am nächsten Morgen brachten Cassady und LouAnne Kerouac zum Bus. Er hatte sich als Verpflegung für die lange Reise ein Brot und etwas Salami gekauft. Die Wurst und das frische Brot rochen so gut, daß die Zurückbleibenden Jack baten, ihnen ein Salamisandwich abzugeben. Er weigerte sich. Offenbar meinte er, die beiden hätten ihn zuvor im Stich gelassen; er wollte sie nie wieder sehen.

Ende März 1949 kam er im Osten an und erfuhr, daß sein Roman *The Town and the City* von einem bekannten Verlag in New York mit einem Vorschuß von 1000 Dollar angenommen war. Er mußte aber das Manuskript noch einmal mit dem Lektor durchgehen, wobei ein Drittel des Textes gestrichen wurde.

Danach fuhr er mit dem Greyhound-Bus wieder nach Denver, um sich dort nach Neals frühen Jahren zu erkundigen.

Von Denver reiste er nun doch wieder nach San Francisco weiter, wo er Cassady traf. Sie besprachen Pläne, miteinander nach Europa zu reisen. Aber dazu mußten sie zunächst einmal wieder nach New York. Neal besaß keinen Wagen mehr. Sie fanden aber einen Fahrer, der bereit war, sie mitzunehmen.

Neal und Jack saßen zunächst auf den Rücksitzen und erzählten sich gegenseitig Träume und Erinnerungen an ihre Kindheit. Es war das erstemal, seitdem sie sich kennengelernt hatten, daß sie Zeit fanden, ausführlich miteinander zu reden.

Als sie in Denver Station machten, begann Neal, wie er das schon als Jugendlicher getan hatte, Autos zu Spritztouren zu stehlen. Als der Boden zu heiß wurde, vereinbarte er mit

einem Reisebüro, gegen Bezahlung eine Cadillac-Limousine nach Chicago zu überführen.
Zunächst schaute er mit Kerouac bei seinem ehemaligen Bewährungshelfer auf einer Ranch vorbei. Der Mann zeigte ihm die kalte Schulter. Wieder auf der Landstraße, war Cassady in seinem Element. Er fuhr ständig Höchstgeschwindigkeit und legte 1180 Meilen in siebzehn Stunden zurück.
Bei der Beschreibung dieser Fahrt in *On the Road* läßt der Autor Dean zu Sal Paradise sagen:
»Stell dir vor, wenn du und ich so einen Wagen hätten, was wir dann alles tun könnten. Weißt du, daß es eine Straße gibt, die nach Mexiko hinuntergeht und die ganze Strecke bis Panama? – und vielleicht die ganze Strecke bis zum Ende von Südamerika, wo die Indianer über zwei Meter groß sind und an den Bergabhängen Kokain essen? Ja! Du und ich, Sal, mit so einem Wagen würden wir die ganze Welt kennenlernen, denn, Mensch, die Straße muß schließlich in die ganze Welt führen. Sie kann ja nirgendwo anders hingehen – richtig?«[34]
In Chicago hörten sie Be-bop und fuhren dann nach Detroit weiter. Dann waren sie wieder pleite. Ein Hotel konnten sie sich nicht leisten, also kauften sie für vier Dollar einen Fahrschein nach New York und verbrachten die Zeit bis zum nächsten Morgen in einem Kino.
Auf 35-Cent-Plätzen auf dem Balkon hielten sie, teils zuschauend, teils im Halbschlaf, sechsmal das Programm von zwei Filmen durch. Am Morgen wurden sie von der Putzfrau geweckt, die das Kino auskehrte.
Als sie, der Erschöpfung nahe, bei Gabrielle einfielen, war Jack nur noch ein Schatten seiner selbst. Mémêre teilte Cassady nach einem Wutanfall mit, er könne sich ein paar Tage ausruhen, aber dann möge er verschwinden. Jack wagte ihr nicht zu widersprechen.
In New York fand Cassady kurz darauf einen Job als Parkwächter. Er lernte ein Mädchen kennen. Bald war sie von ihm schwanger, während Carolyn, seine zweite Frau an der Westküste, kurz vor der Geburt ihres zweiten Kindes stand. Gegenüber Allen Ginsberg äußerte Kerouac damals, mit Neal

Cassady sei er fertig. Neal sei verrückt, und der Kontakt mit ihm bringe ihn um sein klares Urteilsvermögen.
Jacks Roman *The Town and the City* erschien, erhielt gute Besprechungen, verkaufte sich aber schlecht, nicht zuletzt, weil es in diesem Frühjahr 1950 drei andere Romane auf dem Markt gab, die das Interesse des Publikums auf sich zogen. Es waren dies Ernest Hemingways *Across the River into the Trees* (»Über den Fluß in die Wälder«), Joyce Carys *The Horse Mouth* (»Des Pudels Kern«) und Nelson Algrens *Mann mit dem goldenen Arm*. Kritische Stimmen bezeichneten Kerouacs Roman als »närrisch«, »zu selbstbezogen«, »übermäßig idyllisch und wortreich«, aber Kerouac galt nun als vielversprechender Autor und genoß diese Rolle.
Zum zweitenmal reiste er nach Denver. Er verdingte sich dort als Bote, um die Atmosphäre der Stadt noch besser kennenzulernen. Sehr bald war auch Neal wieder da und überredete Jack, mit ihm zu Burroughs und Joan nach Mexico City zu fahren. Dort lud er aber Jack nur ab und fuhr allein nach New York weiter. Während Jack unter sehr beengten Verhältnissen bei Burroughs lebte, bekam er einen schweren Anfall von Ruhr, gewöhnte es sich an, Marihuana zu rauchen, und spritzte bald auch Morphium, dem Burroughs völlig verfallen war.
Um sich auszukurieren, reiste Jack schließlich zu seiner Mutter nach Ozone Park bei New York und fuhr von dort aus hin und wieder in die Stadt, um sich mit alten Freunden zu treffen, deren Lebensweise Mémêre mißbilligte. (In einem Fall drohte sie Ginsberg sogar an, ihn wegen Rauschgiftbesitz bei der Polizei anzuzeigen.)
Eine besonders bizarre Figur in dieser sich neu bildenden Gruppe von Bohemiens in New York war Bill Cannastra. Cannastra konnte es sich einfallen lassen, nackt um den Häuserblock zu rennen. Er tanzte auf Glasscherben, balancierte im 35. Stockwerk auf Fensterbrettern. Keine Party verging, ohne daß er einen der Gäste beleidigte und sich schließlich bis zur Bewußtlosigkeit betrank.
Im Sommer 1949 kam er auf fürchterliche Weise ums Leben.

Er versuchte aus einer fahrenden Untergrundbahn durch ein Fenster auszusteigen und wurde dabei mit dem Kopf gegen eine Marmorsäule geschleudert. Er war auf der Stelle tot. Dieser sinnlose Tod scheint auf Kerouac wenig Eindruck gemacht zu haben. Schon kurz darauf zog er in Cannastras Wohnung ein und übernahm auch dessen Freundin, Joan Haverty, die als Kellnerin arbeitete. Bald heirateten die beiden. Ein Freund, der Schriftsteller John Clellon Holmes, war der Ansicht, die Ehe werde Jack guttun. Joan war ein unerfahrenes, naives Mädchen mit einem großen Bedürfnis nach Liebe.

Was Jack anging, so war diese Verbindung wahrscheinlich ein Fluchtversuch aus dem Gewahrsam, in dem ihn seine Mutter in Ozone Park hielt. Kerouacs zweite Ehe dauerte nur sechs Monate. In dieser Zeit war Kerouac als Skript-Schreiber bei einer Filmgesellschaft beschäftigt. Wieder einmal versuchte er, zwischenmenschliche Konflikte dadurch zu lösen, daß er sich ihnen entzog. Als Joan ihm mitteilte, daß sie schwanger war, bestritt er die Vaterschaft und trennte sich von ihr. Nach der Geburt des Kindes ergab sich daraus ein Rechtsstreit zwischen Joan und ihm, der sich über Jahre hinzog und bei dem Jack weiter dabei blieb, er sei nicht der Vater des Mädchens Jan.

Vorübergehend mußte Kerouac wieder wegen einer Venenentzündung ins Krankenhaus. Ende März 1951 entlassen, fand er auf einem Dachboden eine Menge Bogen eines dünnen japanischen Zeichenpapiers, die er zu einem riesigen Endlosband zusammenklebte. Fast ohne Unterbrechung und Schlaf hielt er ein Schreibmarathon durch, das drei Wochen dauerte und bei dem die erste Version von *On the Road* entstand. Als Holmes Kerouac am 9. April besuchte, hatte er bereits 35000 Wörter zu Papier gebracht. Es war gewissermaßen ein unendlicher Bewußtseinsstrom, der sich ungefiltert auf das Papier ergoß. Insgesamt beschrieb Kerouac eine Papierbahn von 83 Meter Länge mit all dem, was er in den letzten zwei Jahren beobachtet und erlebt hatte.

Diesmal würde niemand mehr seine Geschichte mit den

Neal Cassady und Jack Kerouac, 1949

Oben: William S. Burroughs und Jack Kerouac in Allen Ginsbergs Apartment in New York, Herbst 1953
Rechts oben: Allen Ginsberg, Herbst 1953
Rechts unten: William S. Burroughs, Villa Mouneria, Tanger 1961

Carolyn und Cathy Cassady mit Jack Kerouac, 1952

*Gruppenfoto vor dem City Lights Bookstore, San Francisco 1955.
V. l. n. r.: Bob Donlin, Neal Cassady, Allen Ginsberg, Robert LaVigne,
Lawrence Ferlinghetti*

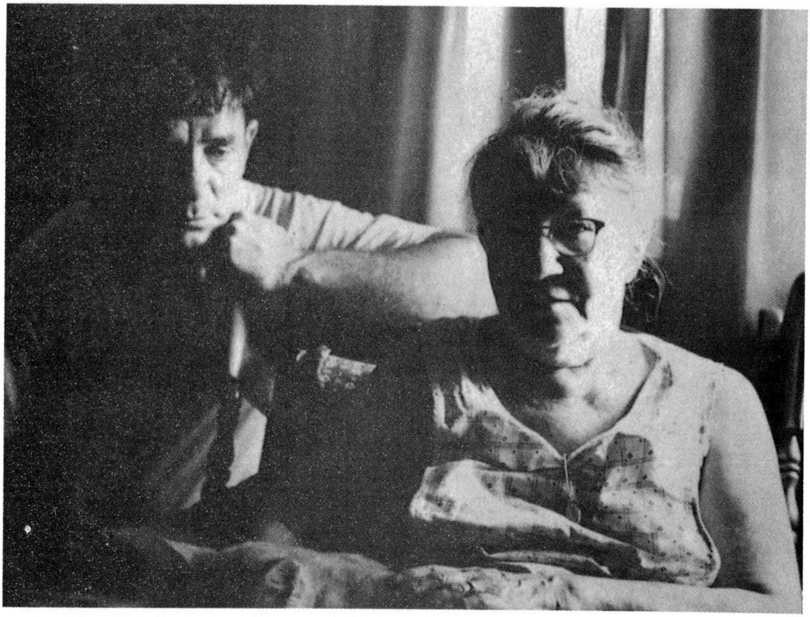

Links oben: Kerouac in Burroughs' Garten, Tanger 1957
Links unten: Peter Orlovsky, Jack Kerouac und William S. Burroughs, Tanger 1957
Oben: Jack Kerouac und Mémêre, Hyannis, Massachusetts, August 1966

Jack Kerouac in Allen Ginsbergs Apartment in Manhattan, Herbst 1964

Romanen von Thomas Wolfe vergleichen, wie das nach dem Erscheinen von *The Town and the City* der Fall gewesen war. Er war nun sicher, seinen eigenen Ton gefunden zu haben. Seine subjektive, das Unterbewußte anzapfende, allen literarischen Konventionen Hohn sprechende Schreibweise – in der Urfassung des Textes gab es keinen einzigen Abschnitt – nannte er »spontane Prosa« und entdeckte später eine Ähnlichkeit mit der »kunstlosen Kunst« des Zen-Buddhismus. Entscheidend war für ihn, jeweils wie in einem Rausch all das hinzuschreiben, was ihm spontan zu einem Ereignis oder einer Person in den Sinn kam. Auf diese Weise wollte er soweit wie möglich jede Zensur durch sein von gesellschaftlicher Moral beeinflußtes Bewußtsein ausschalten.
Bei der Beschreibung seiner Arbeitsmethode könnte leicht der Eindruck von Unernsthaftigkeit entstehen. Akademische Kritiker haben Kerouac diesen Vorwurf natürlich immer wieder gemacht. Zu einem ganz anderen Eindruck kommt man, wenn man jene Sätze über seine Arbeitsmethode liest, die er unter der Überschrift »Belief and Technique for Modern Prose« 1959 für die *Evergreen Review* niederschrieb. Sie liefern unter anderem auch so etwas wie eine Schreibschule für junge Autoren.

1. Geheime Notizbücher und lose Manuskriptseiten, die du zu deinem eigenen Vergnügen vollgekritzelt beziehungsweise wild vollgetippt hast.
2. Gib dich jedem Eindruck hin! Öffne dich! Lausche!
3. Versuche, dich nie außerhalb deiner eigenen vier Wände zu betrinken!
4. Sei in dein Leben verliebt!
5. Etwas, was du fühlst, wird die ihm eigene Form finden.
6. Sei immer blödsinnig geistesabwesend!
7. Schlage so tief, wie du schlagen willst!
8. Wenn du etwas Unergründliches schreiben willst, hole es aus dem Grunde deiner Seele empor!
9. Die unaussprechliche Vision des Individuums.

10. Keine Zeit für Lyrik, aber genau Bescheid wissen.
11. Visionäre Krämpfe durchzucken die Brust.
12. Auge haftet in träumerischer Entrücktheit an vor dir befindlichem Objekt.
13. Beseitige literarische, grammatische und syntaktische Hindernisse!
14. Mach es wie Proust: Gehe mit dem Schatz deiner Erfahrungen und Erinnerungen hausieren.
15. Erzähle die wahre Geschichte der Welt im inneren Monolog!
16. Im Zentrum des Interesses leuchtet juwelengleich das Auge innerhalb des Auges.
17. Schreibe aus der Erinnerung und sei erstaunt über die Ergebnisse.
18. Geh immer vom Kern der Sache aus, schwimm im Meer der Sprache.
19. Finde dich mit Verlusten ab, und zwar für immer!
20. Glaube daran, daß die Konturen des Lesens heilig sind.
21. Es gilt, die Flut, die in deinem Inneren bereits unversehrt existiert, aufzuzeichnen! Ringe darum!
22. Denke nicht gleich an Worte, wenn du dich nur unterbrichst, um das Bild besser sehen zu können!
23. Bleibe jedem Tag auf der Spur. Sein Datum schmücke deinen Morgen wie ein Wappenschild.
24. Empfinde weder Angst noch Scham, wenn es um die Würde deiner Erfahrungen, deiner Sprache und deines Wissens geht!
25. Schreibe, was die Welt lesen soll und worin sie genau das Bild sehen muß, was du dir von ihr machst.
26. Das Buch in Drehbuchform ist der Film in Worten, eindeutig die amerikanische Form.
27. Sei des Lobes voll, wenn du in der frostig kalten, unmenschlichen Einsamkeit einen Charakter findest.
28. Komponiere wild, undiszipliniert, rein! Schreibe, was aus den Tiefen deines Inneren aufsteigt! Je verrückter, desto besser!
29. Du bist allezeit ein Genie!

30. Autor und Regisseur irdischer Filme, vom Himmel finanziert und heiliggesprochen.[35]

Sobald Kerouac den Roman im April 1951 zu Ende gebracht hatte, verließ er Joan und begleitete seine Mutter, die den Sommer bei ihrer Tochter in Rocky Mount, North Carolina, verbringen wollte. Er hatte inzwischen ein Tonbandgerät gekauft und versuchte nun, seine monologisierenden Erzählungen aufzunehmen, statt sie aufzuschreiben.
Als er dann in New York mit seiner Romanrolle den Verlag aufsuchte und das Manuskript wie einen Teppich im Zimmer des Lektors auf dem Boden auslegte, mußte er erleben, daß seine Begeisterung für das, was er da geschaffen hatte, auf wenig Gegenliebe stieß. Der Lektor war vom Anblick der Rolle verschreckt. Er meinte, hier habe man doch wohl bestenfalls ein Rohmanuskript vor sich, und schlug vor, ehe er es lese, solle es der Autor erst einmal ordentlich auf einzelnen Blättern abtippen und mit Abschnitten versehen. Kerouac, der die Kürzungen bei *The Town and the City* immer noch als eine verlorene Schlacht empfand, war wild entschlossen, diesmal keine Kompromisse einzugehen. Er schulterte seine Rolle und verließ das Verlagshaus.

Das Glück auf der Straße oder acht Bücher in sieben Jahren

»Wir wissen nicht, wohin wir gehen,
aber wir sind unterwegs.«[36]
Amerikanisches Sprichwort
aus der Pionierzeit

Ende 1951 und Anfang 1952 versuchte Kerouac zunächst in New York, dann an der Westküste auf einem Schiff anzuheuern, aber ohne Erfolg. (Seine Erlebnisse dabei sind nachzulesen in dem Prosastück *Piere der heimatlosen Nacht.*) Im Januar 1952 zog er in einen Bodenraum bei Cassady ein. Neal arbeitete bei der Eisenbahn, und es gelang ihm, Jack in einem Ausbildungsprogramm der Southern Pacific unterzubringen.

Kerouac war sich unterdessen darüber klargeworden, daß *On the Road* noch überarbeitet werden mußte, aber er hatte auch schon ein neues Buch begonnen: *Visions of Cody*. Teile dieses Textes wuchsen aus dem Manuskript von *On the Road* hervor, so daß die Überarbeitung eigentlich zu einer Ausweitung führte. Kerouac nahm einen Abschnitt aus *On the Road* und benutzte ihn als Material für ein weiteres Buch.
Cassady wollte immer noch schreiben lernen und bat Kerouac, er solle ihn den Willen dazu lehren. Um seinen verschiedenen Zahlungsverpflichtungen für Schulden und Alimente nachzukommen, leistete er sechzehn Stunden am Tag schwere körperliche Arbeit. Kerouac saß inzwischen in der Bodenkammer, die das Ehepaar ihm überlassen hatte, und konnte seiner Schreibwut frönen. Daß Cassady seine Frau Carolyn dazu ermunterte, mit Kerouac zu schlafen, läßt sich als ein weiterer Versuch deuten, die Bindung an ihn noch enger zu gestalten. Auf Kerouac wirkten solche Vorschläge eher einschüchternd.
Schließlich wurde das Dreiecksverhältnis unerträglich, und Jack entschloß sich, um weiteren Konflikten aus dem Weg zu gehen, nach Mexiko zu fahren. Cassady brachte ihn bis an die Grenze in Arizona, sprach aber während der ganzen Fahrt kaum ein Wort mit ihm. Im Morgengrauen kletterte Kerouac über den Drahtzaun und befand sich dann in der mexikanischen Provinz Sonora.
Mit der Rückkehr nach Mexiko vollzog sich bei Kerouac eine entscheidende Veränderung. Er war sich inzwischen darüber klargeworden, daß seine besten Manuskripte wie *On the Road* und *Visions of Cody* (dieses Buch erschien erst nach seinem Tod) auf dem kommerziellen Buchmarkt keine Chance hatten. Er war nun entschlossen, nur noch für sich selbst zu schreiben.
In Mexico City traf er Burroughs in einem Zimmer voller Müll an. Bei seinem ehemaligen Mentor hatte sich kurz zuvor eine Tragödie abgespielt. Nach dem Vorbild Wilhelm Tells hatte er versucht, seiner Lebensgefährtin Joan, die ihn dazu angestachelt hatte, einen Apfel vom Kopf zu schießen. Bei diesem

wahnwitzigen Unternehmen kam Joan ums Leben. Burroughs gelang es, die mexikanische Polizei über den tatsächlichen Hergang des Geschehens zu täuschen. Die tödlichen Folgen seiner Lust an Schußwaffen lösten in ihm jedoch Ängste und Selbstvorwürfe aus, die er wiederum mit Rauschgift zu betäuben versuchte.

Burroughs spritzte Heroin, und auch Kerouac injizierte sich mehrmals pro Woche diese Droge. Der Rausch verstärkte nur noch seine Depressionen und seine Verzweiflung darüber, daß seine besten Bücher nicht gedruckt wurden. Dennoch begann er einen neuen Text, den Roman *Doctor Sax,* eine Erzählung über seine Kindheit in Lowell in der Tradition der psychologischen Horrorgeschichten eines Edgar Allan Poe.

Unterlegt sind der Handlung Motive aztekischer Mythologie, mit denen Kerouac durch Burroughs bekannt gemacht worden war. Der Titelheld des Buches, eben Doktor Sax, hat viel Ähnlichkeit mit Burroughs. Der Autor sieht die Gestalt als einen Magus, einen Erzzauberer, nicht im Mittelalter, sondern in den dreißiger Jahren unseres Jahrhunderts, der sich auf einen Kampf eingelassen hat, bei dem nicht weniger als der gesamte Kosmos auf dem Spiel steht. Für Kerouac war die Gestalt die Inkarnation des »faustischen Menschen« aus Spenglers Werk. Daher auch der Untertitel »Faust dritter Teil«, den Kerouac dem Buch manchmal im Gespräch gab.

Der künstlerische Wert des Textes liegt vor allem in der eindrucksvollen Beschwörung der Kerouacschen Kindheitswelt und ihren Phantasmagorien. Im *Doctor Sax* finden sich viele schuldbesetzte Hinweise auf sexuelle Frustrationen in Kerouacs Jugend. Als der Junge eines Nachts onanierend den Sex entdeckt, stirbt sein Hund Beauty. Im Buch wird der Kreislauf von Spannung, Frustration und Selbstbefriedigung beschrieben, der auch später nur dann unterbrochen wurde, wenn Kerouac genug Geld besaß, um zu einer Prostituierten zu gehen. Seine sexuelle Beziehung zu Carolyn Cassady, die für ihn so etwas wie Glück gebracht hatte, zog dadurch, daß Carolyn die Ehefrau seines besten Freundes war, wiederum Schuldgefühle nach sich. In einem Brief aus Mexico City an

Carolyn versuchte er, über die »emotionale Komplexität ihres Verhältnisses zueinander« nachzudenken. Tatsächlich aber wich er einer genauen Analyse der Probleme aus und verlor sich in Schuldzuweisungen an Neal, von dem er schrieb, er sei unfähig, sich mit so großen abstrakten Problemen wie Liebe und Mysterium auseinanderzusetzen. Der Brief schloß entsagend und mit der Behauptung, er sei nun bereit, »Verlust und Tod« als unabänderlich hinzunehmen.

Kerouacs Lebensumstände in Mexico City waren elend. Das wenige Geld, das Burroughs und er besaßen, gaben sie für Drogen aus. Kerouac spürte seinen körperlichen Verfall und litt unter dem Verhalten seines rauschgiftsüchtigen Freundes. Burroughs war auch Jack gegenüber rücksichtslos und kraß egoistisch. Wenn Jack zum Schreiben seine Ruhe haben wollte, mußte er sich ins Badezimmer zurückziehen. Delirien von Heroin, der ständige Genuß von Marihuana und der Hunger führten zu entrückten, alptraumhaften Bewußtseinszuständen.

Erschöpft und elend fuhr Jack mit etwas Geld, das er sich von Burroughs geliehen hatte, im August 1952 zurück in die Staaten nach Rocky Mount. Dort tauchte wieder überraschend Neal auf, der ihn dazu überredete, mit in sein neugekauftes Haus in San José in Kalifornien einzuziehen und sich als Bremser bei der Eisenbahn ausbilden zu lassen.

Einmal mehr durchquerte er mit Neal den Kontinent des Westens. Neals Egoismus, seine finanziellen Probleme und Schwierigkeiten mit Carolyn wurden ihm aber bald wieder unerträglich. Er trennte sich schließlich von ihnen und zog in ein Elendsviertel in San Francisco. Seinen Lebensunterhalt verdiente er als Rangierer bei der Eisenbahn. In seiner Freizeit schrieb er eine Serie von Gedichten, *San Francisco Blues,* und einige seiner schönsten Texte lyrischer Prosa, beispielsweise *October in the Railway Earth*.

Die Verlage lehnten weiterhin seine Manuskripte ab. An einen Kollegen in New York schrieb er um diese Zeit, er fühle sich im eigenen Land wie im Exil. Nach Abschluß eines Kurses bei der Eisenbahn arbeitete er als Bremser und kehrte schließlich nach

Mexico City zurück, als Burroughs gerade von dort abreiste, um nach Tanger in ein homosexuelles Bordell zu übersiedeln, das einem Gangster gehörte. Was seine sexuellen Neigungen anbetraf, so fühlte er sich dort wohl; im übrigen aber war es die Hölle.

Weihnachten 1952 kam Kerouac zurück nach New York und zog wieder zu seiner Mutter, die jetzt in Queens lebte. Er begann einen Text, in dem er wehmütige Erinnerungen an seine erste Jugendliebe, Mary Carney (im Buch *Maggie Cassidy*), verarbeitet. Schon in San Francisco hatte er sich oft überlegt, ob sein Leben nicht glücklicher verlaufen wäre, wenn er sie geheiratet und einen Job als Bahnarbeiter angenommen hätte.

Im Mai fuhr er mit dem Bus nach Kalifornien und ließ sich dort als Matrose auf einem Frachtdampfer anwerben, der nach Panama auslief. Im August 1953 war er wieder in New York und lebte zwei Monate mit einem schwarzen Mädchen zusammen – Ereignisse, die, kaum verändert, in *The Subterraneans* (»Be-bop, Bars und weißes Pulver«) eingingen, ein Buch, das er in drei Tagen im Benzedrinrausch in der Küche seiner Mutter schrieb.

Die wahnwitzige Irrfahrt in dem großen Dreieck New York – San Francisco – Mexico City hatte damit längst noch kein Ende. Sie setzte sich von diesem Zeitpunkt an noch drei Jahre lang bis in den Sommer 1957 fort.

Insgesamt entstanden in einem Zeitabschnitt von sieben Jahren die folgenden acht Bücher, hier aufgeführt in der Reihenfolge ihrer Niederschrift:

On the Road (1948/49–1956), *Visions of Cody* (ursprünglich Visions of Neal, 1951–1952), *Doctor Sax* (Juli 1952), *Maggie Cassidy* (ursprünglich Springtime Mary, Anfang 1953), *San Francisco Blues* (1953), *Mexico City Blues* (August 1955), *Tristessa* (1955–1956), *Visions of Gerard* (1956).

Wenn es zutrifft, daß das literarische Werk den eindringlichsten Aufschluß über die Geschichte des Autors gibt, so gilt dies bei Kerouac in besonderem Maße. Die Frage, was den gemeinsamen Nenner dieser Romane ausmacht und was sie

thematisch auszeichnet, läßt sich mit einer Äußerung von John Tytell beantworten:
»Kerouacs wahres Thema ist Amerika selbst. Mit außerordentlicher Empfindlichkeit schildert er die (für seine Zeit) bezeichnenden sozialen Spannungen, sich neu ausbildende Sitten und den Beginn eines neuen Bewußtseinszustandes des amerikanischen Lebens.«[37]
Das Recht der Suche nach Glück, der »pursuit of happiness«, ist ein politisches Versprechen, das seit den Tagen der Unabhängigkeitserklärung als Stichwort der sozialen Orientierung in der amerikanischen Gesellschaft bekannt ist. Wie und warum sich dieses Stichwort in seiner alten Form in der Mitte des zwanzigsten Jahrhunderts nicht mehr einlöst und wie eine junge Generation auf diese Erfahrung reagiert, davon erzählen die Romane Jack Kerouacs.

Ein wandernder Bhikku oder der Prophet der Beat-Generation

»Manchmal leb ich auf dem Lande,
manchmal wohn ich in der Stadt,
manchmal möcht ich mich ertränken,
weil nichts einen Sinn mehr hat!«[38]
Huddie Leabelly Ledbetter

»Hätte ich den Paß zu Fuß überquert,
gestützt auf einem Stock,
wäre es mir erspart geblieben,
vom Pferd zu stürzen.«[39]
Basho

1954 begann eine einschneidende Veränderung im Bewußtsein Jack Kerouacs. Bei Studien über Henry David Thoreau stieß er in einer öffentlichen Bibliothek in San Francisco auf den Band *Das Leben Buddhas* von Ashvagosa. Der Satz »Eine Zuflucht jenseits des Schicksals« elektrisierte ihn. Das Problem der Überwindung des Leidens hatte sich für ihn früh im Leben gestellt. Während Neal und Carolyn Cassady sich mit

Edgar Cayce, dem Propheten des untergegangenen Reiches Atlantis, beschäftigten, verwandelte sich Kerouac in einen (wenngleich zunächst noch etwas naiven) Buddhisten.
Dabei spielte bestimmt auch das Vorbild von Kollegen eine Rolle, die nach dem Zweiten Weltkrieg als amerikanische Besatzungssoldaten in Japan mit fernöstlicher Philosophie in Berührung gekommen waren. Zudem hatte in San Francisco durch den relativ hohen Bevölkerungsanteil an Chinesen und Japanern schon immer eine besondere Offenheit für ostasiatische Kultur bestanden.
Da Kerouac ein Mensch war, der von klein auf aus einem spontanen Impuls heraus zu Vorsicht, Toleranz und Nächstenliebe geneigt hatte, dürfte er in den Lehren des Buddhismus Vorstellungen wiederentdeckt haben, die ihm vertraut waren.
Das Familienmotto »Lieben, arbeiten und leiden« könnte eine buddhistische Losung sein. Auch dürfte der Buddhismus Kerouacs ausgeprägten Hang zu mystischen Erlebnissen entgegengekommen sein. Die Suche nach dem Nirwana war ein Versprechen, das jene Unrast, die ihn antrieb und ihm zugleich aber auch angst machte, besänftigen konnte.
Bezeichnend ist, daß Kerouac, der immer Schwierigkeiten mit seiner Sexualität gehabt hatte, nun eine Art Gelübde sexueller Enthaltsamkeit ablegte, worauf ihm Burroughs aus Tanger schrieb, er fände solche Schwüre doch etwas übertrieben.
Man kann davon ausgehen, daß Kerouacs Bekenntnis zum Buddhismus auch ein gutes Maß an Selbstschutz bedeutete. Sein Alkohol- und Drogenkonsum hatte über die Jahre hin zugenommen, und die schädigenden Auswirkungen auf seinen Körper dürften ihm nicht entgangen sein.
Ein anderer Aspekt war mehr poetischer Art. Gab es nicht zwischen seinem Lebensstil und dem wandernder Zenmönche eine gewisse Affinität? Diese Bhikkus waren besitzlos, und wie er waren sie unterwegs auf der Suche nach spirituellen Erfahrungen.
Besonders fasziniert war Kerouac von Gary Snyder, einem jungen Dichter, der sich zu Zenstudien in Japan aufgehalten

und die Gedichte des Zeneinsiedlers Han Shan übersetzt hatte.
Alan W. Watts schildert ihn wie folgt:
»Snyder ist im besten Sinn des Wortes ein Vagabund. Sein Lebensstil ist eine bedachtsam individualistische Abweichung von all dem, was man von einem guten Konsumenten erwartet. Sein gegenwärtiges Zuhause ist ein kleiner Schuppen ohne Wasserleitung und elektrisches Licht im Mill-Tal am Ende eines steilen Pfads. Wenn er Geld braucht, fährt er zur See oder arbeitet als Feuerwächter oder Holzfäller. Sonst bleibt er daheim, geht bergsteigen, schreibt, studiert und praktiziert Zen. Ein Teil seines Wohngebäudes ist als Meditationshalle abgetrennt, und die ganze Behausung ist nach echter Zentradition von sauberer und übersichtlicher Einfachheit. Aber es ist nicht die Askese des Christentums, sondern des Hinayana-Buddhismus.«[40]
Unter dem Namen Japhy ist Gary Snyder in Kerouacs Roman *The Dharma Bums* (»Gammler, Zen und Hohe Berge«) eingegangen. Etwas paradox mutet dabei an, daß gerade bei Japhy freiwillige Armut mit einem lustvollen Liebesleben einhergeht.
Mit Recht hat Alan W. Watts in Japhy die Personifizierung des »Beat Zen« gesehen, den er in einem Essay gegen »Square Zen«, den Zen der Spießer, und den echten Zen abgrenzt:
»Beat Zen ist ein komplexes Phänomen. Es reicht von einer Benutzung des Zen-Buddhismus zur Rechtfertigung der bloßen Kaprice in Kunst, Literatur und Leben bis hin zu einem sehr entschiedenen sozialen Kritizismus und der Vorliebe für das Universum, wie man es in der Lyrik eines Ginsberg, Whalen und Snyder findet, ungleich anders bei Kerouac, der immer ein Gran zu selbstbewußt, zu subjektiv, zu grell ist, um den tatsächlichen Geschmack von Zen spüren zu lassen: Wenn Kerouac seine philosophische Schlußaussage macht und schreibt ›ich weiß nichts, mich kümmert nichts. Und es spielt keine Rolle‹, so ist damit die Katze aus dem Sack, und diese Worte klingen nach Selbstverteidigung. Gerade weil Zen tatsächlich alle Konventionen und Wertsysteme übersteigt, hat

er es nicht nötig zu sagen ›zur Hölle damit‹, noch muß dann mit Nachdruck die Tatsache betont werden, daß alles möglich ist.«[41]

Es war schließlich auch Snyder, der Kerouac 1955 auf einen Bergsteigertrip in den Yosemite-Nationalpark mitnahm und ihm im Jahr darauf einen Job als Feuerwächter im Ross Lake and Mountain Baker National Forest nahe dem Desolation Peak im Bundesstaat Washington vermittelte.
Kerouac lebte dort dreiundsechzig Tage in völliger Einsamkeit in einer primitiven Holzhütte. Die einzige Verbindung zur Außenwelt bestand im Funkverkehr mit den anderen Feuerwächtern. In dieser Zeit führte er ein Tagebuch mit dem Titel *Desolation in Solitude,* das später in den im Jahr 1965 veröffentlichten Roman *Desolation Angels* eingearbeitet wurde. Damit nähern wir uns nun jenem Zeitpunkt, nämlich dem Herbst 1957, da Jack Kerouac mit dem Erscheinen des Romans *On the Road* schlagartig berühmt wurde.
Die Woge von Publizität, die nach Erscheinen dieses Buches über ihm zusammenschlug, ist nur dadurch zu erklären, daß zwei andere Bücher zuvor das Interesse an der sogenannten Beat-Generation in der Öffentlichkeit geweckt hatten. Es war dies einmal der Roman von John Clellon Holmes *Go* (1952), in dem jemand mit dem Abstand eines noch mit einem Fuß in der bürgerlichen Gesellschaft stehenden Beobachters gewissermaßen die Genesis der Beat-Gruppe im New York Ende der vierziger Jahre beschreibt: William Burroughs (Dennison), Neal Cassady (Hart Kennedy), Bill Cannastra (Bill Agatson), Allen Ginsberg (Stofsky), Herbert Huncke (Albert Ancke) und natürlich auch Jack Kerouac (Pasternak) tauchen in diesem Schlüsselroman – durch ihre Pseudonyme, die aus juristischen Gründen gewählt wurden, kaum verhüllt – mit ihrer Suche nach Erfahrungen, mit ihren Verbindungen zur Rauschgiftszene und ihren apokalyptischen Visionen auf.
Vielleicht noch wichtiger als dieser Roman, der 1988 in den USA wieder neu aufgelegt wurde, war das Erscheinen von Allen Ginsbergs großem Gedicht *The Howl* in Lawrence

Ferlinghettis Verlag City Light Books 1956 (deutsch unter dem Titel »Das Geheul«, 1956).
Aufsehen erregt hatte es schon bei einer Gruppenlesung in der Six Gallery San Francisco. Ginsbergs Lesung – er hatte die Urversion des Gedichts erst zwei Wochen zuvor geschrieben – wirkte wie die Detonation einer Stinkbombe in einem Museum. Der Dichter selbst nannte seinen Text einen »blow for freedom«, einen Schlag, um Freiheit zu gewinnen, einen Befreiungsschlag.
An der Wand des Zimmers, in dem Ginsberg an seinen Versen gearbeitet hatte, hingen Kerouacs *Essentials of Spontaneous Prose,* und die an anderer Stelle bereits zitierte Widmung für Jack Kerouac drückt aus, daß er sich des gegenseitig wirksamen Einflusses durchaus bewußt war.
Es war der Lyriker Gregory Corso, der erklärte: »So etwas wie eine Beat-Generation existiert nicht.«[42]
Corso konnte die Errungenschaften der angeblich nicht existenten Gruppe aber recht genau beschreiben:
»Der hervorragendste und bei weitem größte Dienst, den die Beat-Generation der Literatur erwiesen hat, liegt in einer neuen Benutzung des Versmaßes. Als die Beat-Generation entstand, beharrten Dichter mit prophetischen Einsichten bereits darauf, den Bestand an alten Jamben durch die Benutzung von Mischungen spontaner Bop-Prosodien, surreal-realer Bildsprünge, cooler Beat-Versmaße, langer raschlaufender Vokale, langer Linien und, was das wichtigste war, Soul-Inhalten zu erweitern. Um 1950 kam es unter diesen Dichtern zu der Bezeichnung Beat-Generation. Als sie diesen blödsinnigen Namen kreierten, wußten sie nicht, welches Bedürfnis dafür in der Zukunft bestehen würde.»[43]
Für Kerouac, der sehr bald zum Propheten der Beat-Generation werden sollte, bedeutete das Wort »beat« ursprünglich »arm, völlig herunter, ganz am Ende, Pennbruder, traurige Gestalt, in der U-Bahn schlafen«[44]. Was dann aber daraus wurde, war, nach seinen eigenen Worten, »ein Schlagwort oder Etikett für eine Revolution der Verhaltensweise in Amerika«[45].

Will man das Charakteristische noch genauer hervorheben, so könnte man von einer Gruppe Menschen sprechen, die sich von den am Besitz orientierten Normen der spätkapitalistischen Industriegesellschaft und deren puritanischer Moral abwandten, die statt materiellen Besitz spirituelle Erfahrung suchten und deren Interesse am Kriminellen als Protest gegen eine bestimmte Art von Wohlanständigkeit aufzufassen ist, die als Maske einer unmenschlichen Gesellschaft übergestülpt war.
Die amerikanische Literaturwissenschaftlerin Dorothy Van Ghent hat schon im Frühjahr 1959 in *The Wagner Literary Magazine* so etwas wie einen Umriß von der Beat-Mythe skizziert, so wie man in der Volkskunde auch versucht hat, die Grundumrisse von bestimmten Märchentypen zu bestimmen. Sie schreibt:
»Die Mythe folgt authentischen archaischen Linien und läßt sich etwa so zusammenfassen: Der Held ist ein ›engelsgesichtiger Hipster‹. Er stammt von unbekannten Eltern ab, die er in der korrekten mythologischen Haltung verleugnet. Er hat einen geheimnisvollen Ruf empfangen – auf die Straße, auf die Güterzüge, in die Jazzkeller, die ›Neger-Straßen‹. Dabei handelte es sich um die Reise in die Nacht oder die Reise unter die Erde (Kerouacs Titel *The Subterraneans,* wörtlich: *Die Unterirdischen,* ist hier bezeichnend). Wo er hinkommt, ist Hölle, das Reich des Todes, beherrscht von der H- oder der Hadesbombe. Der Held hebt sich von der Masse der höllischen Bevölkerung durch sein engelhaftes Bewußtsein ab: Er weiß, wo er ist. Er weiß, daß es in der Hölle töricht ist, so zu tun, als sei man im Himmel, also beträgt er sich wie eine verdammte Seele. Seine Qualen – die heroischen Aufträge, die in einer Mythe zu erledigen sind – versetzen ihn in Ekstase, und er bricht in ein Lied aus, ein Lied angefüllt mit Metaphern der Destruktion, ein Lied, in dem Mollie Blooms* Loblied auf das Leben ironisch ins Apokalyptische gewendet wird. Das

* Gemeint ist Mollie Blooms innerer Monolog im letzten Kapitel des Romans *Ulysses* von James Joyce.

bekannte Ende der Mythe besteht in einem Transzendenzerlebnis: Eroberung des goldenen Vlieses oder der goldenen Äpfel, Heirat mit der Prinzessin, Entdeckung der wirklichen Eltern, die von königlichem Geblüt sind, und in der Erlangung einer Art höheren Wissens oder einer vom Helden beherrschten Technik bei der Begegnung mit dem Bösen. Die Beats bezeichnen sich als eine religiöse Bewegung, und die Beat-Literatur verweist ständig auf ein fernes visionäres Ziel, das zu suchen der Held unterwegs ist: die Heimkehr ins Königsreich, ins transzendente Königreich der Liebe, der Brüderlichkeit und des Lebens, ›Authentizität‹ hat das einer von ihnen genannt. Dazu kann es nur durch die Regenerierung der ganzen Welt kommen.«[46]

Was hier so märchen- und mythenhaft umschrieben wird, definiert tatsächlich die Utopien der Beat-Generation ziemlich genau. In neuem Gewand sind es alte amerikanische Utopien, die hier wiederentdeckt und mit neuem Schwung gelebt werden. Gerade weil sich das Glücksversprechen auf die überkommene Weise nicht mehr einlöst, ja, viele Menschen sich in der amerikanischen Gesellschaft versteinert, entfremdet und unglücklich fühlen, kommt es zu einer Suche nach anderen Glücksmomenten.

Wenn nach Erscheinen von *On the Road* einer von Kerouacs Kritikern schrieb, die Helden des Romans stünden dem Abgrund und dem Chaos nahe, so wird sich eine solche Tendenz auch im Schicksal vieler Autoren der Beat-Generation schwerlich bestreiten lassen. Bei dem Verlangen nach Glück, nach Lebendigkeit und Freiheit erliegen viele der Glückssucher aus der Beat-Generation falschem Glanz. Auch den Hang zur Selbstzerstörung, der der modernen Gesellschaft innewohnt, werden sie so leicht nicht los.[47]

Jack Kerouac war die Galionsfigur der Beat-Generation. Haben wir bisher seinen langen Weg hinauf, also zu gesellschaftlicher Anerkennung hin verfolgt, so wird nun vom kurzen Weg hinab zu berichten sein.

Die kurze Straße hinab

Die Depression von Big Sur oder der Anfang vom Ende

»Der Teufel macht heute nacht Jagd auf mich.«
Jack Kerouac in Big Sur

Im Sommer 1960 befand sich Jack Kerouac wieder einmal in einer Krise. Die Gründe lagen in seiner persönlichen Situation und in der ablehnenden Reaktion der Kritik gegenüber seinem Werk.

Von den Honoraren von *On the Road* hatte er sich für 14000 Dollar in Northport auf Long Island ein Haus gekauft. Er wohnte dort zusammen mit seiner Mutter. Das Verhältnis zwischen Mutter und Sohn war alles andere als glücklich. Gabrielle hatte die Rollen des Sittenwächters, Kassenwarts und der Gouvernante übernommen. Jacks Lebensumstände kamen denen eines Entmündigten ziemlich nahe. Kerouacs Biographin Ann Charters berichtet:

»Mémêre ließ nun ihren Sohn nie vergessen, daß sie ihn in all den Jahren, da er die Bücher schrieb, ernährt hatte und dazu um sechs Uhr morgens aufgestanden war und in einer Schuhfabrik gearbeitet hatte. Die gesamten Einkünfte Jacks gingen auf ein gemeinsames Bankkonto. Ohne ihre Unterschrift konnte er keinen Scheck ausstellen. Mémêre teilte ihm Geld für Zigaretten und Bier zu. Als sie nach Northport zogen, erklärte sie, es sei zu teuer, ein Telefon legen zu lassen. Wenn Jack mit seinen Freunden in New York telefonieren wollte, mußte er eine Meile weit laufen.«[1]

Was Wunder, daß Jacks Empfindungen ihr gegenüber sehr ambivalent waren. In seinen Träumen tauchte sie manchmal als Engel und Verkünderin der Wahrheit auf, dann wieder als gehaßte alte Frau, deren Grab er mit Marihuana bepflanzen wollte. Seit Neal Cassady in Kalifornien wegen Drogenbesitz verurteilt worden war, verbot Gabrielle ihrem Sohn strikt, irgendwelche Drogen ins Haus zu bringen. Trotz aller Bevor-

mundung und Schutzmaßnahmen trank Kerouac regelmäßig große Mengen Whisky. Von Zeit zu Zeit fuhr er nach New York, traf sich dort mit Freunden aus der Beat-Szene, trank noch mehr und wurde häufig in Schlägereien verwickelt.
In den Jahren 1959 und 1960 waren endlich alle vor *On the Road* geschriebenen Manuskripte, nämlich *Doctor Sax, Maggie Cassidy, Tristessa* und *Lonesome Traveller,* erschienen. Dieser Springflut von Publikationen folgte eine Welle von Verrissen in fast allen wichtigen Zeitungen. Man unterstellte, der Autor habe die Texte rasch heruntergeschrieben, um das Aufsehen um die Beat-Generation verkaufsfördernd auszunutzen. Besonders tief verletzten Kerouac die ironischen Bemerkungen von Kenneth Rexroth, der seinem Verriß von *The Dharma Bums* nun einen weiteren über den Lyrik-Band *Mexico City Blues* folgen ließ. Rexroth schrieb: »Es ist alles da, ein schrecklich gekonnter Umgang mit dem Versmaß, die weitreichende Kenntnis von Leben, das tiefgründige Urteil, ein unerträglicher Sinn für Wirklichkeit.«[2] Kerouac sah darin eine Verhöhnung seines Bemühens um unbedingte Aufrichtigkeit.
Rexroth war der große Förderer der Beat-Lyriker in San Francisco gewesen. »Es war«, so beschreibt Ann Charters die Wirkung dieser Kritik auf Kerouac, »als habe ihm jemand von früher plötzlich die Tür vor der Nase zugeschlagen«[3]. Langsam entwickelte sich bei Kerouac die Zwangsvorstellung, unter den Kritikern, ja, selbst unter seinen alten Freunden bestehe eine Verschwörung gegen ihn.
Im nachhinein, mit dem Abstand von dreißig Jahren, erscheint die Reaktion der Kritiker zumindest nicht unerklärlich.
Die Beat-Generation hatte beim Erscheinen der ersten Texte ihrer Autoren eine breite, aber vor allem die vordergründige Provokation beleuchtende Publizität gehabt. Unterdessen aber hatten manche Kritiker gemerkt, welcher Sprengstoff an indirekter Gesellschaftskritik des »American Way of Life« in diesen Texten steckte. Gewiß wirkte der Lebensstil von Männern wie Cassady oder William Burroughs auf den »square«, den guten Bürger, wie ein Schlag ins Gesicht. Die

Homosexualität vieler Autoren der Gruppe, die sexuelle Freizügigkeit bei den meisten – das waren Verhaltensweisen, die viele Journalisten und Publizisten in Rage brachten. Man denke nur an die Selbstverständlichkeit, mit der bei Kerouac, Ginsberg und Burroughs der Umgang mit Drogen beschrieben wird. In einer Zeit, in der der Drogenkonsum immer mehr um sich griff, wurde es unbequem und sogar bedrohlich für diejenigen, die sich als Wächter der überkommenen Ideale betrachteten, nach den tieferen Ursachen dieses Phänomens zu fragen. Die Autoren der Beat-Generation wurden als Sündenböcke hingestellt, und man warf ihnen vor, ihre Bücher hätten Marihuana und Heroin überhaupt erst bei der Jugend bekannt gemacht.

Auf die akademischen Dichter, also auf jene Autoren, die ihre Werke gemäß den Erkenntnissen moderner Literaturwissenschaft entwickelten und die nicht selten selbst als Theoretiker an amerikanischen Universitäten lehrten, wirkten die Texte der Beat-Generation roh, naiv, undiszipliniert, irrational. Schon allein die Personen, die in Kerouacs Romanen auftraten, waren ihnen von ihrer sozialen Herkunft her suspekt. In der Auflösung überkommener Formen sahen sie nur Unfähigkeit. Spontaneität war für sie ein Mangel an Disziplin.

Waren dies Gründe genug für eine Ablehnung, so darf man wohl auch unterstellen, daß bei manchen der als Kritiker auftretenden akademischen Dichter eine gehörige Portion Neid hinzukam. Manch einer von ihnen hätte wohl gern mit seinem Werk ein solches Maß an Aufsehen erregt, wie es der Beat-Generation zumindest kurzfristig zuteil geworden war. Tatsächlich hatten gerade die Bücher Kerouacs eine Gruppe in der Gesellschaft erreicht, die sich bis dahin nie für Literatur interessiert hatte.

Auch Kerouacs Kollegen waren Anfeindungen ausgesetzt, doch war deren Situation grundsätzlich anders. Ginsberg war, trotz aller Kritik an seiner Lyrik, auf dem besten Weg, zum auflagenstärksten Dichter der USA zu werden. Im Oktober 1957 hatte gegen Lawrence Ferlinghetti, den Verleger des Gedichtbandes *Geheul*, ein Prozeß wegen der Verbreitung obszöner und unsittlicher Schriften stattgefunden, der in ganz Amerika Aufsehen erregte und mit einem Freispruch endete. Im Schriftsatz des Gerichts war Ginsberg bescheinigt worden, sein Gedicht sei von sozialer Bedeutung. Hinsichtlich seiner Sprache hieß es in dem Urteil: »Es gibt eine Reihe von Worten in *Geheul,* die gegenwärtig in einigen Kreisen der Gesellschaft als grob und vulgär gelten, in anderen hingegen werden sie täglich benutzt.«[4] Man kann sagen, daß Ginsbergs Lyrik damit gesellschaftsfähig geworden war. Später, nämlich 1974, wurde er sogar in die eher konservative Amerikanische Akademie gewählt.

Burroughs lebte außerhalb der Landesgrenzen der USA. Er war nur einem relativ begrenzten Publikum bekannt, galt als Geheimtip in der Schwulenszene oder als Autor einer Literatur des Untergrunds.

Kerouac aber war zum Aushängeschild und Sprecher der Beat-Generation geworden. Der Jugendtraum vom Footballstar schien auf andere Art doch noch in Erfüllung gegangen zu sein. Um so schmerzhafter war der Verlust dieses Ruhms.

Durch die Reaktion der Kritik, aber auch durch seine bedrückende persönliche Situation geriet Kerouac immer mehr in eine Depression. Im Frühsommer 1960 begann er ernsthaft darüber nachzudenken, wie er sich aus dem häuslichen Gefängnis in Northport befreien, seine Gewöhnung an Alkohol überwinden und überhaupt einen neuen Anfang machen könne.

Seit langem hatte Lawrence Ferlinghetti, selbst ein origineller Lyriker, der in San Francisco den City Lights Bookstore und einen zu der Buchhandlung gehörenden Verlag betrieb, versucht, für seine Lyrik-Reihe einen Text von Kerouac zu bekommen.

Der *Mexico City Blues* hatte Ferlinghetti nicht gefallen, und er hatte das Manuskript abgelehnt. Gestritten hatten sich die beiden auch über einen weiteren lyrischen Text von 25000 Wörtern mit dem Titel *Lucien Midnight.* Schließlich verwarf Ferlinghetti auch die 1954 im Bar- und Bordellviertel von San Francisco entstandenen Gedichte Kerouacs mit dem Titel *San*

Francisco City Blues. Hingegen wäre er bereit gewesen, das Prosastück *Old Angel Midnight* zu veröffentlichen, das von Kerouac als eine Art Fortsetzung zu Joyce' *Finnegans Wake* gedacht war. Es war in anderer Form aber schon in einer Zeitschrift erschienen, und deren Herausgeber weigerte sich, die Abdruckerlaubnis zu erteilen.

Ferlinghetti druckte statt dessen als Handzettel *(broadside)* ein Gedicht Kerouacs über Rimbaud, wollte aber weiterhin von ihm auch ein Buch-Manuskript haben. Ende April 1960 hatten sich die beiden auf das *Book of Dreams* geeinigt, zu dem Philip Whalen, ein anderer Beat-Autor, eine Einleitung schreiben wollte.

Um in Ruhe die letzten Korrekturen an dem Manuskript vornehmen zu können, bot Ferlinghetti Kerouac an, ihm den Sommer über seine Blockhütte im Bixby Canyon in der Nähe von Big Sur an der Pazifikküste zur Verfügung zu stellen. Kerouac kam dieses Angebot sehr gelegen. So würde er der Misere an der Ostküste entgehen. Er würde, wie schon einmal, als Einsiedler in der Wildnis leben, würde ohne Alkohol auskommen müssen und in der Einsamkeit darüber nachdenken, wie er sein Leben neu ordnen könne. Zudem würde er endlich Neal wiedersehen, der wegen Rauschgiftdelikten im Zuchthaus St. Quentin gesessen hatte, nun aber wieder auf freiem Fuß war.

Um nicht sogleich wieder in den Kreis seiner alten Freunde und Saufkumpane zu geraten, hatte Kerouac Ferlinghetti mitgeteilt, er wolle in San Francisco inkognito auftreten. In der Buchhandlung werde er sich auch am Telefon jeweils nur unter dem Namen »Adam Yulch« oder »Lalagy Pulvertaft« melden.

All dies mögen die Pläne des vernunftbezogenen Ichs Kerouacs gewesen sein. Es gab aber in seinem Bewußtsein auch noch andere Kräfte.

Kerouac war von Chicago aus mit einem durchgehenden Zug angereist. Statt Ferlinghetti in San Francisco vom Bahnhof anzurufen und sich von ihm zum Bixby Canyon fahren zu lassen, tauchte er während der Hauptgeschäftszeit im City

Lights Bookstore auf. Die Folge war, daß sich seine Anwesenheit in der Stadt sofort herumsprach. Es folgte eine zweitägige Sauftour mit den alten Kumpanen. Als Jack danach auf dem Fußboden eines Hotels zwischen leeren Weinflaschen erwachte, fuhr er mit einem Taxi die vierzehn Meilen hinaus zum Bixby Canyon, wo ihn Ferlinghetti später vor dem Blockhaus auf der Wiese schlafend antraf.

Nachdem Ferlinghetti mit ihm in die nahe gelegene Stadt Monterey gefahren war und sie dort Lebensmittel für drei Wochen eingekauft hatten, blieb Kerouac in der Hütte allein zurück.

Es stellte sich heraus, daß er in eine, wie es ihm schien, »verhexte Gegend« geraten war. Die rauhe Küstenlandschaft, in der es häufig Nebel gab, wirkte auf ihn unheimlich. Er kam sich verloren vor. In der Einsamkeit auf sich selbst zurückgeworfen, wurden in ihm Ängste und Wahnideen freigesetzt. Selbst das Geräusch der an den Küstenfelsen anschlagenden Wellen schien ihm bedrohlich. Sehr bald wurde in seiner Phantasie die gesamte Umgebung zu etwas Unheimlichem. Die nahe gelegenen Berge erinnerten ihn an ein Bild, das in früheren Angstträumen öfter aufgetaucht war. Nicht weniger bedrückend empfand er eine hohe, oberhalb des Strandes verlaufende Autobahnbrücke und die Wracks der herabgestürzten Autos unten im Sand.

Er sah die Fahnen des *Book of Dreams* durch, schloß nachts aus Angst vor seinen Wahnvorstellungen die hölzernen Klappläden an den Fenstern und las in dem einzigen Buch, das Ferlinghetti zurückgelassen hatte, nämlich in Stevensons Gruselgeschichte *Doktor Jekyll und Mr. Hyde.*

Nachdem die Arbeit an den Fahnen beendet war, begann er ein ehrgeiziges Schreibprojekt, ein langes Gedicht mit dem Titel *Meer*, Assoziationen zu den Wellengeräuschen des Pazifischen Ozeans. Es ist unter dem Titel *Laute des Pazifischen Ozeans bei Big Sur* der deutschen Ausgabe seines Romans *Big Sur* beigefügt.

Nachdem er in der Einsamkeit seinen Vorsatz, nichts mehr zu trinken, vierzehn Tage lang durchgehalten hatte, kapitulierte er. Er versuchte, per Autostopp nach San Francisco zurückzufahren, und machte die enttäuschende Erfahrung, daß er, der erfahrene Tramper, niemanden fand, der ihn mitnahm. Es war Ferienzeit. Die meisten Autos waren vollbesetzt. Er mußte den ganzen Weg bis nach Monterey am Rand der Highway 1 unter glühender Hitze zu Fuß zurücklegen und holte sich dabei Blasen an den Füßen. An einer Tankstelle gelang es ihm schließlich, einen Lieferwagen zu finden, der nach San Francisco fuhr und ihn einsteigen ließ.

In San Francisco mietete er sich in einem schäbigen Hotel im Rotlichtviertel ein. Als er am nächsten Tag in den City Lights Bookstore kam, erwartete ihn dort eine schlechte Nachricht. Daheim an der Ostküste war seine Lieblingskatze Tyke gestorben. Es schien Kerouac, als könne keiner seiner Kollegen begreifen, was dieser Verlust für ihn bedeutete. Ferlinghettis Rat, sofort wieder in die Blockhütte zurückzukehren, schlug er in den Wind und stürzte sich statt dessen wiederum in eine Sauftour. Seine Wahnvorstellungen hatten inzwischen so weit Gewalt über ihn gewonnen, daß er selbst Ferlinghetti zu mißtrauen begann.

Eine weitere Enttäuschung brachte das Wiedersehen mit Cassady und Carolyn. Der Freund und dessen Ehefrau empfingen ihn freundlich und offenbar ohne Groll, aber in Jack nagte die Vorstellung, daß das literarische Porträt Cassadys in *On the Road* den Freund ins Gefängnis gebracht habe. Vielleicht, so redete er sich ein, sei Cassady nur zu taktvoll, um seinen Zorn auf ihn zu zeigen. Zeit zu einem ausführlichen Gespräch fand sich zunächst nicht. Neal arbeitete in einer Autoreparaturwerkstatt. Er hatte Nachtschicht. Jack und seine Freunde fuhren ihn zu seiner Arbeitsstelle. Danach stürzte sich Kerouac erneut in Seen von Whisky. Am nächsten Tag rief ihn Neal an und bat ihn um hundert Dollar. Kerouac lieh ihm das Geld. In Begleitung einer ganzen Gruppe von Schriftstellern aus der Szene von San Francisco brachen Neal und er in zwei Jeeps in das Blockhaus am Bixby Canyon auf.

Von dort fuhren die beiden Freunde nach einigen Tagen

wiederum nach San Francisco, um eine Freundin von Neal zu treffen. Sie hieß Jackie Gibson und hatte einen vierjährigen Sohn. Sie erinnerte Kerouac in ihrem Aussehen an einen Freund aus frühen Tagen, an Lucien Carr. Er fühlte sich von ihr angezogen, zugleich rief die Erinnerung an Carr auch alte Ängste in ihm wach. Er verliebte sich in die junge Frau, zog in deren Wohnung. Nach einer Woche, in der er weiter heftig trank, fragte sie ihn, ob er sie heiraten wolle. Wieder einmal entzog sich Jack. Es gab da ein Kind, für das er Verantwortung hätte übernehmen müssen. Dem sah er sich nicht gewachsen. Auch meinte er zu spüren, daß das Kind ihn ablehnte.

Eine weitere Begegnung mit Neal Cassady brachte keine Klärung der komplizierten psychologischen Situation zwischen den alten Freunden. Offenbar empfand Jack nun auch Schuldgefühle, weil er eine Woche mit Neals Freundin verbracht hatte, während es Neals Wunsch gewesen zu sein scheint, die beiden zu verkuppeln.

Zurück im Bixby Canyon, überkamen Kerouac fürchterliche Alpträume und Halluzinationen. Was immer seine Freunde versuchten – es gelang ihnen nicht, Jack zu beruhigen und die Zwangsvorstellungen bei ihm zu verscheuchen. Im Gegenteil, in einem Anfall von Verfolgungswahn bildete er sich ein, einer seiner Gäste, der Schriftsteller Lew Welch, habe versucht, ihn zu vergiften. Ähnliche Beschuldigungen stieß er auch gegenüber dessen Freundin, der Lyrikerin Lenore Kandel, aus. Er sah in ihnen Kommunisten, die sich gegen ihn, den Katholiken, verschworen hatten.

Am Ende einer langen Nacht, in der er immer wieder Schweißausbrüche hatte, fliegende Untertassen zu hören glaubte und in Visionen von unbeschreiblicher Bedrohlichkeit versank, erschien ihm das Bild seiner toten Katze Tyke, die wütende Schreie ausstieß. In seinem Roman *Big Sur,* in dem er später über die für ihn so katastrophale Zeit im Bixby Canyon berichtet, beschreibt er das Erscheinen der Katze in seinem Delirium als Glück. Aber es war ein unerträgliches Glück: Er fürchtete, endgültig in den Wahnsinn abzustürzen. Erleichterung brachte ihm eine andere Vision, in der er das Kreuz vor

sich sah. Er deutete es als Zeichen der Gnade und Errettung.
In einem Brief, den er zwei Jahre später an Carolyn Cassady schrieb, heißt es:
»Es war die Nacht, in der es mit dem Nirwana zu Ende ging. Ich begriff, daß mein ganzer Buddhismus nur in leeren Worten bestanden hatte – beruhigende Worte, aber dort begriff ich, daß immer noch Massen von Teufeln hinter mir her waren…«[5]
Er verbrachte noch zwei Tage in San Francisco bei Ferlinghetti, dann flog er nach New York zurück. So endete seine letzte Reise an das Landende im Westen mit einem Zusammenbruch, von dem er sich nie mehr ganz erholte.
Auf sich selbst zurückgeworfen, hatte er deutlicher als sonst die Sackgasse erkannt, in die er geraten war. Sein Verhältnis zu seinen Freunden war durch Verfolgungswahn vergiftet. Aber auch er selbst war sich unerträglich geworden. Mit Drogen und Alkohol hatte er seine physische und psychische Kraft ruiniert. Seine fruchtbare Phantasie prägte nun immer häufiger nur noch Bilder der Hölle und der Selbstzerstörung, denen sich zu widersetzen er nicht mehr in der Lage war.
Er hatte noch acht Jahre zu leben, aber in diesen acht Jahren war er nur noch ein Schatten seiner selbst. Wer Fotografien aus diesem letzten Lebensabschnitt betrachtet, ist bestürzt über den sich nun auch in seinem Gesicht und an seinem Körper immer deutlicher abzeichnenden Verfall. Jene Bücher, die in diesem letzten Lebensabschnitt entstanden, zeigen nur noch einen schwachen Abglanz seiner früheren sprachlichen Originalität.

Am Ende der Straße

An die Ostküste zurückgekehrt, mußte sich Kerouac einer erneuten Klage auf Unterhaltszahlung für seine Tochter Janet (»Jan«) durch seine zweite Frau Joan Haverty stellen. Joan, die eben von ihrem zweiten Mann geschieden worden war, schlug sich mit ihrer Tochter aus erster Ehe und Zwillingen aus zweiter Ehe in einer Mietwohnung auf der Lower East Side von New York mehr schlecht als recht durch. Sie hatte von großen Summen gehört, die Jack mit seinen Büchern verdient haben sollte, und wollte verständlicherweise die Zukunft ihrer Tochter sichern. Tatsächlich waren bis 1959 20000 Hardcover- und 500000 Taschenbuch-Exemplare von *On the Road* verkauft worden. Im Februar 1959 hatte Kerouac erklärt, er habe bis dahin aus diesem Roman nur Einkünfte in Höhe von 20000 Dollar gehabt. Einem geschickten Anwalt gelang es, einen endgültigen Spruch der Gerichte in dieser Sache hinauszuschieben. Aber die Klage beunruhigte Kerouac von neuem und deprimierte ihn, zumal er sich vor sich selbst darüber im klaren gewesen sein muß, daß Joan im Recht war. Vor Freunden behauptete er aber weiterhin, ein puertoricanischer Tellerwäscher namens Rosario sei der Vater von Jan. Als alte Bekannte ihm zuredeten, Geld für Jan zu schicken, erklärte er: »Die Mutter würde alles durchbringen.«[6]

Seinem Haß auf Frauen gab er nun unverhohlen Ausdruck und klagte selbstmitleidig, die Gesetzsprechung begünstige sie. Er hatte auch Angst, als schwul zu gelten, obwohl er gegenüber Freunden dann auch wieder bereit war zuzugeben, er fühle sich sowohl von Frauen wie von Männern angezogen. Besonders empörte ihn, daß Joan einem Blatt der Boulevardpresse ein Interview gegeben hatte, das nun unter der Überschrift »Mein Ex-Ehemann Jack Kerouac ist undankbar« erschien.

Inzwischen hatte Gabrielle ihn gedrängt, in den Süden umzuziehen und ihr in Orland in unmittelbarer Nachbarschaft ihrer Tochter Nin ein Haus zu kaufen. Jack floh aus dem Schoß der Familie nach Mexico City und schrieb dort hastig ein Manuskript von 50000 Wörtern, das als zweiter Teil des autobiographischen Romans *Desolation Angel* gedacht war.

Der Aufenthalt in Mexico City stand unter einem schlechten Stern. Alte Freunde versuchten ständig, ihn anzupumpen. Auch sie waren überzeugt, er sei jetzt ein reicher Mann. Kurz vor seiner Rückkehr in die USA wurde ihm der Koffer

gestohlen, in dem sich unter anderem auch das Manuskript befand.
Sein Alkoholismus beherrschte ihn nun vollkommen. Zudem nahm er, wenn er schrieb, wieder Benzedrin. Bei den Dreharbeiten zu dem Untergrundfilm *Pull my Daisy*, dessen Drehbuch nach einem Theaterstück von ihm geschrieben worden war, wurde er vom Regisseur nach kurzer Mitwirkung ausgeschlossen, weil er ständig betrunken war.
Ende des Jahres 1961 wurde er nach eigenen Aussagen dreißig Tage lang überhaupt nicht nüchtern. Schließlich kam auch der Unterhaltsprozeß zu einer Entscheidung und lieferte ihm Anlaß für neues Selbstmitleid, das er mit Alkohol zu kurieren versuchte. Im März 1962 wurde er endgültig dazu verurteilt, an seine Tochter Jan bis zu deren einundzwanzigstem Geburtstag 52 Dollar in der Woche als Alimente zu zahlen. Damit war aktenkundig, daß er all die Jahre über, in denen er die Vaterschaft abgestritten hatte, gelogen haben mußte.
In Briefen an Carolyn Cassady aus dieser Zeit beklagt er sich, daß er keine Freundinnen, keine Freunde, überhaupt niemanden mehr habe, mit dem er sprechen könne. Er sei allein mit Flaschen und Büchern und stolpere beduselt durch seine tägliche Katerstimmung. »Wie Dorian Gray wächst unter meiner lebendigen Haut mein Leichnam.«[7]
Immerhin brachte er in diesem Jahr den Roman *Big Sur* zu Ende, der in einem angesehenen Verlag erschien. Rastlos kehrte er mit seiner Mutter im November 1962 wieder nach Northport zurück. Er traf sich in New York mit seiner Tochter Jan und erfuhr, daß Neal und Carolyn beabsichtigten, sich scheiden zu lassen, sobald Neal, der nur auf Bewährung auf freiem Fuß war, endgültig ein freier Mann sei.
Im Sommer 1964 kam der Schriftsteller Ken Kesey, das Idol der neuen Hippie-Generation, mit seinem psychodelischen Bus nach New York. In seiner Begleitung reiste Neal Cassady.
Zu einer Aussprache zwischen den alten Freunden kam es auch diesmal nicht. Es gab eine Party, zu der auch Ginsberg erschien. Kerouac klagte bei dieser Gelegenheit: »Ich bin alt,

häßlich, rotgesichtig, bierbäuchig und ständig betrunken, niemand liebt mich mehr.«[8]
Auch Ginsberg war entsetzt über Kerouacs körperlichen Verfall. Kurz darauf fuhr Jack mit seiner Mutter wieder zu seiner Schwester in den Süden. Sie erfuhren dort, daß auch diese Ehe zerbrochen war. Der Schock löste bei Mémêre einen schweren Herzanfall aus.
Eine Reise Kerouacs im Juli 1965 nach Frankreich, bei der er die Heimat seiner Vorfahren in der Bretagne kennenlernen wollte, endete damit, daß er sich bis zur Besinnungslosigkeit betrank und schon nach zehn Tagen wieder in die USA zurückkehrte.
Im Mai 1966 zog Jack mit seiner Mutter nach Hyannis, einer Kleinstadt im Staat Massachusetts, und begann an einem Roman über das tragische Schicksal seiner Familie zu arbeiten. Dort erlitt Gabrielle einen Schlaganfall. Um das Geld für die ärztliche Behandlung Mémêres aufzubringen, ließ Kerouac sich zu einer Reise zu seinem italienischen Verleger in Mailand überreden. Er sollte dort für die italienischen Ausgaben seiner Romane werben. Auch diesmal griff er bald wieder zur Flasche und stand die Publicity-Tour in ständigem Rausch durch, was mehr als einmal zu peinlichen Situationen führte.
Im November 1966, nach Hyannis zurückgekehrt, heiratete er Stella Sampas, die älteste Schwester seines Schulfreundes Sammy. Es war eine Vernunftheirat: Wenn Jack schreibend Geld verdienen wollte, mußte sich jemand anderes um Gabrielle kümmern, die zu einem Pflegefall geworden war.
Die Eheschließung fand in dem Haus in Hyannis statt. Die Heiratsurkunde wurde von einem Richter unterzeichnet, der Tennisshorts trug. Stella nahm Jack die Pflege von Mémêre ab; gegen seinen zunehmenden Hang zur Selbstzerstörung war jedoch auch sie machtlos.
Im Januar 1967 wurde Kerouac zweimal wegen Trunkenheit in der Öffentlichkeit festgenommen. Der häufige Wechsel der Wohnsitze erscheint wie eine sinnlos sich wiederholende Geste, um seiner inneren Bedrängnis und seiner Hilflosigkeit Herr zu werden. Mit seiner Mutter und seiner Frau kehrte er in

die Stadt seiner Kindheit, nach Lowell, zurück. Er versuchte dort, endlich jene von ihm selbst häufig als Familien-Roman bezeichnete Geschichte niederzuschreiben, die unter dem Titel *Vanity of Duluoz* (»Die Verblendung des Duluoz«) erschien. Nach oft wochenlangen Schreibhemmungen, die jedesmal seinen Alkoholverbrauch noch weiter ansteigen ließen, beendete er das Manuskript im Mai 1967.

Als ihn im Sommer dieses Jahres Allen Ginsberg besuchen wollte, ließ Kerouac den alten Freund nicht ins Haus. Seine Tochter Jan, nun ein Teenager, schaute auf einer Tramp-Fahrt nach Mexiko mit einem Freund herein. Sie traf den Vater in einem Schaukelstuhl vor dem Fernseher an, mit einer Flasche Whisky in der Hand – ein zerstörter Mann, der große Sprüche machte und zwei Monate später in einem Interview prompt wieder bestritt, eine Tochter zu haben.

Als im Frühherbst 1967 *Die Verblendung des Duluoz* erschien, waren die Kritiken wiederum kaum dazu angetan, ihn aufzumuntern. Im Gegenteil, sie bestätigten nur, was er wohl selbst auch wußte: Er war fünfundvierzig Jahre alt – und am Ende. In der einflußreichen *New York Times* war zwar davon die Rede, dies sei sein bestes Buch, gleichzeitig aber wurde ihm bescheinigt, er sei weit weniger begabt als Norman Mailer und »schrecklich undiszipliniert«. Andere Rezensenten gaben ihm den guten Rat, endlich erwachsen und seriös zu werden.

Den sehr unterschiedlichen Äußerungen zu diesem letzten Roman Kerouacs entsprechen die widersprüchlichen Bewertungen, die seine Bücher nach seinem Tod auch in der Analyse durch seine Biographen fanden.

Die Handlung von *Die Verblendung des Duluoz* verarbeitet Ereignisse und Erlebnisse Kerouacs zwischen den Jahren 1935 und 1946, also zwischen dem Beginn seiner Laufbahn als Footballspieler und dem Tod seines Vaters. In Hinblick auf die Angehörigen der Beat-Generation schildert das Buch »Charaktere, die später das Lebensgefühl der beatness und beatitude verkörpern«, in einem Zeitabschnitt, in dem sie gerade miteinander bekannt werden und »weder Dämonen noch Engel«, sondern mit »Ausnahme des weitaus älteren Bur-

roughs, junge Leute mit hochfliegenden Zielen sind, die schier unbegrenzte Möglichkeiten haben«[9]. Wie nun diese Gruppe von Menschen durch bestimmte Erfahrungen in dieser Phase für ihr ganzes Leben entscheidend geprägt wird, das ist das eigentliche Thema des Romans, in dem Kerouac unter anderem auch seine Version des Mordfalls Kammerer/Carr gibt.
Die Verblendung des Duluoz war das letzte Buch im Rahmen der geplanten *Duluoz-Legende*, die nie zu einem Abschluß gelangte, wahrscheinlich nicht zuletzt deswegen, weil ihr Autor sie, einem unterbewußten Zwang folgend, gar nicht zu Ende bringen wollte.
Es leuchtet ein, wenn Ann Charters schreibt: »Er [Kerouac] hatte auch in den letzten Jahren nicht mehr die emotionale Distanz, um die Tragödie künstlerisch umzusetzen, zu der sein Leben geworden war. Zudem hatte sein Prosastil sich geändert, er hatte an Energie und an Spannkraft verloren...«[10]
Gerald Nicosia sieht in dem Roman hingegen »das Meisterwerk eines Meisters des Paradoxen« und behauptet, es sei zugleich nachlässig und außerordentlich sorgfältig geschrieben, ein »komisch-lustiges« Buch, voller Humor, der aus der Selbstparodie erwachse[11].
Das Wissen um solch unterschiedliche Bewertungen sollte den heutigen Leser verlocken, das Buch zur Hand zu nehmen und sich selbst eine Meinung zu bilden.

Mit dem Erscheinen von *Die Verblendung des Duluoz* war die letzte Runde in Jack Kerouacs Lebensdrama eingeläutet.
Eine Reise nach Europa, die Kerouac nach Spanien, Portugal und Deutschland führen sollte, endete wieder in Fluten von Alkohol. Der neue Roman verkaufte sich schlecht. Kerouac geriet nun auch in finanzielle Bedrängnis. Nach einem weiteren Umzug in die Kleinstadt St. Petersburg in Florida machte er Bilanz und stellte fest, daß er in der ersten Hälfte 1968 nur 1770 Dollar verdient hatte. Um den Lebensunterhalt für die Familie bestreiten zu können, mußte Kerouacs dritte Ehefrau Stella einen Job als Näherin annehmen, bei dem sie zwei Dollar in der Stunde verdiente.

Die Katastrophen häufen sich nun. Im Februar 1968 stirbt im Alter von zweiundvierzig Jahren Neal Cassady, wahrscheinlich im Drogenrausch.
Eine geistige Bankrotterklärung deutet sich in einem Aufsatz an, den Kerouac für 1500 Dollar unter dem Titel »Nach mir die Sintflut« für das Sonntagsmagazin der *Chicago Tribune* verfaßte. »Ich versuche herauszufinden, wer ich bin«, heißt es da, »zwischen den Politikern des Establishment und den Radikalen, zwischen den Polizisten und den Vermummten, zwischen Steuereinziehern und Vandalen.«[12] Dann folgt ein wütender Ausfall gegen all jene, die ihn als den intellektuellen Ziehvater einer »Sintflut entfremdeter Radikaler, der Protestler gegen den Krieg, der Aussteiger, Hippies und selbst der Beats«[13] bezeichnet haben.
Dokumentiert dieser Aufsatz Kerouacs vor allem seinen Weltekel und seine Orientierungslosigkeit, so finden sich in anderen Zeitungsaufsätzen und -interviews, auf die er sich gewiß häufig allein aus Geldnot einlassen mußte, bestürzend reaktionäre Aussagen. Da ist von »Ginsbergs Antiamerikanismus« die Rede. Da erklärt er: »Ich mag Ken Kesey nicht, denn er hat Cassady ruiniert...« Oder es heißt geradezu faschistisch: »Der Kommunist ist der Hauptfeind – danach kommen die Juden.«[14]
Solche Äußerungen sind freilich das Echo von antisemitischen Vorurteilen, die Jack Kerouac von seinem vom Leben enttäuschten Vater übernahm. Man kann sich fragen, ob sie überhaupt noch Ausdruck eines vernunftgesteuerten Urteilens darstellen oder nicht vielmehr Wortgesten sind, in denen er seine ohnmächtige Wut über die eigene Selbstzerstörung und Hilflosigkeit abreagiert.
Wie Freunde und Bekannte aus Lowell später berichteten, hatte Kerouac in dieser Zeit immer wieder von Selbstmord gesprochen, und er hatte Freunde dazu aufgefordert, sich gemeinsam mit ihm umzubringen.
Besuchern, die im Oktober 1969 zu ihm kamen, erschien er »wächsern und ungepflegt«. Er hatte stark abgenommen, trank immer noch unmäßig viel.

Am 20. Oktober 1969, einem Montag, war vom mexikanischen Golf her ein Hurrikan im Anzug auf die Südstaaten der USA. Mit einer Büchse Thunfisch, einer Flasche Whisky und seinem Notizbuch saß Kerouac nach einer Nacht, in der er schlecht geschlafen hatte, vor dem Fernseher. Als ihn starke Schmerzen überkamen, ging er ins Badezimmer und erbrach sich. Nach einiger Zeit fand ihn dort seine Frau Stella bewußtlos. Sie rief einen Krankenwagen, mit dem Kerouac ins St. Antony Hospital gebracht wurde. Ohne das Bewußtsein wiedererlangt zu haben, starb er achtzehn Stunden später an inneren Blutungen.

An seinem offenen Sarg sagte Gabrielle, nachdem sie geklagt hatte, wie grau und eingefallen das Gesicht ihres toten Sohnes aussähe: »Ach, mein kleiner Junge. Ist er nicht hübsch? Was soll ich ohne ihn nur tun?«[15]

Ein Blick zurück, die lange Straße entlang

Woran ist Jack Kerouac gescheitert?

»Hoffnung ist wie ein Schneetreiben.«
Jack Kerouac in einem Brief[1]

Die Tragödie einer Selbstzerstörung hat ihr Ende. Der Held ist tot. Bleibt die Frage: Woran ist Jack Kerouac gescheitert? Eine Antwort könnte lauten: Vor allem an sich selbst und merkwürdigerweise an seinem Erfolg oder, genauer, an der Vermarktung dieses Erfolges. Wie so viele Schriftsteller in den USA vor ihm, war er nicht in der Lage, das Aufsehen, das mit dem Erscheinen seiner Bücher verbunden war, durchzustehen, es seelisch zu bewältigen, sein Ich gegenüber der Maschinerie des Literaturbetriebes zu behaupten.
Die Ironie dieses Schicksals ist es, daß dies einem Künstler zustößt, der bewußt in Auflehnung gegen diesen Betrieb angetreten war.
Ist dieser Grund für Kerouacs Scheitern nur zu offensichtlich, so ist darüber ein anderer Aspekt häufig übersehen worden: die Auswirkungen der Konflikte in seiner Freundschaft zu Neal Cassady.
Ohne zu übertreiben, läßt sich sagen, daß Neal Cassady der Mensch gewesen ist, mit dem Kerouac – neben seiner Mutter – zeit seines Lebens am engsten verbunden war. Dabei ist es letztlich unwichtig, ob zwischen den beiden Männern tatsächlich ein homosexuelles Verhältnis bestanden hat oder nicht. Wenn »Liebe« sich unter anderem so definieren läßt, daß uns die Existenz, das Sein, das Wesen eines anderen Menschen unersetzlich wird, dann trifft dies gewiß auf das Verhältnis zu, das zwischen Jack und Neal bestand.
Und noch etwas gilt es zu beachten, wenn man sich die lebenswichtige Bedeutung dieser Freundschaft vorstellen will: Neal verkörperte für Jack all das, was er selbst zu sein wünschte und was er doch immer nur mit schlechtem Gewissen war. Neal brachte es tatsächlich fertig, ein Leben außerhalb

der gesellschaftlichen Normen zu führen und die Sanktionen, die die Gesellschaft gegen ihn verhängte, mit einem Schulterzucken hinzunehmen. Er ging seinen Weg unbeirrt zu Ende, bis hin zu seinem Tod in Mexiko Anfang Februar 1968, irgendwo in der Einsamkeit neben einer Eisenbahnstrecke.

Kerouac hingegen sah sich mit zunehmendem Erfolg mehr und mehr genötigt, sich an die Gesellschaft der »squares«, der wohlanständigen Bürger und Spießer, anzupassen. Er muß diese Anpassung gehaßt und die üblichen Riten, die er mit vollzog, zugleich auch verachtet haben.

Immer stärker scheint dabei in ihm die Vorstellung aufgekommen zu sein, er habe das, was Neal und ihn verband, verraten. Zum erstenmal dürfte ihn dieses Empfinden nach der Veröffentlichung von *On the Road* überkommen haben. Insofern stellt jener Augenblick im Sommer 1957, mit dem dieses Buch beginnt, eine Schlüsselszene seines Lebens dar.

»Das wird euch alles ganz und gar nicht gefallen«, hatte er gesagt. Dieser Satz wird verständlich, wenn man den Roman liest.

Bei einer der fünf großen Durchquerungen des nordamerikanischen Kontinents, die der Roman schildert, wird erzählt, wie die Freunde in der Nähe von New Orleans Bull Lee – ein Name, hinter dem sich der Schriftsteller William Burroughs verbirgt – treffen. Lee erklärt Sal (Jack), daß Dean (Neal) unter einem zwanghaften Wahn leide, der mit psychopathischer Verantwortungslosigkeit und Gewalttätigkeit Hand in Hand gehe.

Tatsächlich hatte Burroughs Kerouac in einem Brief am 30. Januar 1949 warnend geschrieben, daß sein (Neals) ganzes Wesen sich auf einen sinnlosen Punkt zubewege. »Er muß in Bewegung sein, er opfert dafür Familie, Freunde, selbst seinen Wagen, wenn er nur von einem Ort zum anderen unterwegs bleiben kann.«[2]

»Von dieser Wegkreuzung im Buch an«, schreibt John Tytell, der vielleicht scharfsinnigste Betrachter der Beat-Generation, »beginnt sich die Vorstellung (des Erzählers) von Dean zu verändern. Sal erkennt eine pathologische Absurdität in

Deans Handlungen, besonders als dieser eine seiner Freundinnen schlägt und sich dabei bizarrerweise den Daumen bricht, der amputiert werden muß. Sal sieht nun Dean als einen ›Engel des Schreckens‹... Am Ende des Romans ist die von Dean repräsentierte Lebenskraft zum Prinzip des Todes geworden, ›ein verrückter Kapitän Arab am Steuer‹.«[3]
Hier wird klar, was Kerouac an Neal bewundert und geliebt und was er an ihm gefürchtet hat. Diese Ambivalenz, die ja in jeder Liebesbeziehung vorhanden ist, im Roman offen auszusprechen, muß Kerouac als Verrat erschienen sein.
Die Vorstellung vom tatsächlichen oder eingebildeten Verrat verstärkt sich bei Kerouac, als Cassady wegen Drogenbesitz im April 1958 zu fünf Jahren Zuchthaus verurteilt wird.
Gerald Nicosia berichtet:
»Jack reagierte auf Neals Einkerkerung mit Zorn. Von seinem Helden hatte er nicht erwartet, daß er ins Gefängnis kommen werde. Wenn Neal leichtsinnig genug sei, sich in diese Lage zu bringen, erzählte Jack Bekannten, werde er sich auch selbst zu schützen wissen. Jack mag Schuldgefühle gehabt haben, daß durch *On the Road* die Öffentlichkeit auf Neal aufmerksam gemacht wurde und dies zu dessen Verhaftung geführt haben könne, wenngleich Neal [Neals Drogenkonsum] auch in North Beach bekannt war, lange ehe der Roman erschien... Jack hatte vor allem Schuldgefühle, weil er sich unterdessen in der flitterhaften, snobistischen Kunstszene New Yorks tummelte, und seine Scham mag zu dem Vorwurf gegenüber Neal beigetragen haben, dieser habe seine jugendlichen Ideale verraten.«[4]
Man könnte auch sagen, Kerouac habe sich ob des Verrats an den gemeinsamen Idealen der frühen Jahre gegenüber Neal geschämt.
Jack hat Neal im Gefängnis nie besucht. Auch bei ihrem letzten längeren Zusammentreffen im Sommer 1960 konnten die beiden Männer nicht an ihr früheres freundschaftliches Verhältnis anknüpfen.
Als Jack 1968 die Nachricht von Neals Tod erhielt, weigerte er sich bezeichnenderweise, sie zu glauben. Ein paar Jahre zuvor

hatte Ken Kesey seinen Wagen über eine Klippe bei Big Sur stürzen lassen, um die Polizei glauben zu machen, er sei ums Leben gekommen. Einen ähnlichen Trick, so vermutete Kerouac, habe sich Neal einfallen lassen.

Neal und Mémêre sind die Repräsentanten der Lebensbereiche und Lebensstile, zwischen denen Jack Kerouac hin und her gerissen wurde und sich zerrieb. Neal ist die Verkörperung der Sünde, des Verbotenen, der Anarchie, der Rebellion, einschließlich aller damit verbundenen Herausforderungen und Gefährdungen. Mémêre ist die Repräsentantin kleinbürgerlicher Ordnung und einer zwielichtigen, in Kitsch übergehenden religiösen Mystik, einer amerikanischen Spielart des Spießertums.

Es wäre unehrlich, einen dieser beiden Lebensbereiche zu unterschlagen. Man findet beide Welten in Kerouacs Texten wieder. Er scheint jeweils auf der Flucht vor der einen in die andere gewesen zu sein. Das Eintauchen in die eine bezahlte er mit Schuldgefühlen und schlechtem Gewissen gegenüber der anderen.

Eine verhängnisvolle Entwicklung ergibt sich gewiß auch aus Kerouacs Rolle als Sprecher der Beat-Generation, die es vielleicht so, wie sie als Stichwort zur Verkaufsförderung der Romane und Gedichtbände benutzt worden ist, nicht gegeben hat.

Kerouac wurde zum Darsteller einer Mythe:

»Überall, wo ich mich blicken ließ, wurde ich interviewt und gefragt... Viele Leute fingen an, sich beatniks, beats, jazzniks, bopniks, bugniks zu nennen, und schließlich bezeichnete man mich als den ›Avatar‹ [die sich offenbarende Gottheit] von all dem...«[5]

Um sich gegen die etablierten Vertreter des intellektuell-akademischen Literaturbetriebs behaupten zu können, macht er sich auf die Suche nach seiner Philosophie und gibt sich dort, wo er nicht erzählt, häufig mit Schlagworten zufrieden. Als Verkünder einer Lehre und Weltanschauung ist Kerouac primitiv undifferenziert, bestenfalls könnte man sagen: bedauernswert naiv. Andererseits gibt es auch in seiner »Weltan-

schauung« Seiten, die ihn sympathisch, ja, liebenswert machen.
Da ist sein Bekenntnis zur Gewaltlosigkeit, der Protest gegen die Wirbelstürme von Gewalt, die immer wieder in Amerika ausbrechen:
»Ich habe nie etwas mit Gewalttätigkeit, Haß, Grausamkeit und all dem schrecklichen Unsinn zu tun gehabt, den nur Gott allein am Ende der Zeiten vergeben kann, weil er gnadenvoll ist über alle menschliche Vorstellung hinaus... bis dahin aber wird mich die Frage nach deinem Schicksal quälen, Amerika...«[6]
Da ist seine Freude am Lesen und Schreiben. Er habe, so sagte er einmal, hauptsächlich für jene Augenblicke gelebt, in denen »Visionen der großen Worte in rhythmischer Folge in einem großen erzengelhaften Buch durch sein Hirn«[7] geflogen seien.
Da ist die Fähigkeit für den Laut, für das Geräusch, seine sprachliche Musikalität, mit der er Grundstimmungen der USA fixieren kann: »Dieses verrückte Gefühl in Amerika, wenn die Sonne heiß auf den Straßen liegt und Musik aus einer Jukebox herüberweht oder von einem Begräbnis, das in der Nähe stattfindet.«[8]
Letztlich bleiben, wenn man Kerouacs Persönlichkeit betrachtet, schroffe Gegensätze: ein Verlangen nach Erfahrung in der Welt, nach Stille und Meditation, der Versuch, die Regeln der bürgerlichen Gesellschaft Amerikas für sich außer Kraft zu setzen.

Was bleibt von Jack Kerouac?

Es ist William Burroughs gewesen, der darauf beharrt hat, die Nachwelt möge in Kerouac vor allem den Autor sehen. Er verweist damit auf die Intensität, mit der ein Mensch hier sein Leben auf das Schreiben ausrichtet, schreibend das ihm Entscheidende ausdrückt.
»Kerouac war ein Schriftsteller«, schreibt Burroughs in einem

Essay, »das heißt vor allem: er schrieb. Viele Leute nennen sich Schriftsteller, ihre Namen stehen auf Büchern, trotzdem sind sie keine Schriftsteller und können nicht schreiben. Dieser Unterschied ist entscheidend. Ein Stierkämpfer [bull fighter], der mit einem Stier kämpft, unterscheidet sich von einem, der nichts als Unfug treibt [bull shitter] und dauernd nur um ein solches Tier herumrennt. Der Schriftsteller muß *da* sein, oder er kann nicht darüber schreiben, und *da sein* schließt das Risiko ein, ein Horn in den Leib zu kriegen. Damit meine ich, was die Deutschen ganz richtig den ›Zeitgeist‹ nennen – zum Beispiel eine so zerbrechliche Geisterwelt wie die von Scott Fitzgeralds Jazz-Zeitalter... Was versuchen Schriftsteller eigentlich? (Und ich benutze diese Bezeichnung hier ausschließlich für Roman-Schriftsteller.) Sie versuchen, ein Universum zu erschaffen, in dem sie gelebt haben oder leben möchten. Um zu schreiben, müssen sie dort hingehen und in Bedingungen einwilligen, denen sie nicht unbedingt zustimmen. Manchmal, wie im Fall von Fitzgerald und Kerouac ist der Effekt, den ein Schriftsteller hervorbringt, ein unmittelbarer. So als habe eine Generation nur darauf gewartet, von ihm schreibend dargestellt zu werden.«[9]

Kerouac als der Chronist einer Generation, eines Bewußtseinszustandes von Menschen in Amerika in den fünfziger und sechziger Jahren unseres Jahrhunderts. Ist das alles?

Heute, zwanzig Jahre nach Kerouacs Tod, beginnt eine neue Generation von Literatur- und Sprachwissenschaftlern die spontane Bop-Prosodie, den losen Stil, der Kerouacs literarisches Werk mit dem von Thomas Wolfe und Henry Miller verbindet, neu zu untersuchen und neu zu bewerten. Zunächst einmal entdeckt sie, daß sich die Vorstellung von spontaner Prosa, die zu Kerouacs Lebzeiten auf Widerspruch und höhnisches Gelächter stieß, in der angelsächsischen Literatur auf eine ehrwürdige Traditionslinie berufen kann, die schon bei Romantikern wie Samuel Taylor Coleridge beginnt. Auch dort ist von einem ekstatischen Aufgeben der bewußten Kontrolle über die Sprache, von einem intuitiven Reagieren auf die innere Stimme die Rede. Eine Intensität des Fühlens

soll das normale Bewußtsein mit seinen Filtervorgängen ausschalten und so Schreiben aus einem Bereich der Psyche möglich machen, über den der Verstand nicht mehr zensierend herrscht. Genau das meinte Kerouac mit dem »ungestörten Fluß der Worte und Bilder aus dem Gedanken hervor«. Genau das hat Ginsberg in Hinblick auf sein eigenes lyrisches Werk als Tätigkeit des »undifferenzierten Bewußtseins« verstanden.
Die persönliche Gefährdung bei der praktischen Durchführung eines solchen Schreibprogramms liegt darin, daß es leicht zu der Überzeugung verleitet, den »ungestörten Fluß aus den Gedanken und Bildern« durch Drogen wie Alkohol, Benzedrin und Haschisch oder härtere Stoffe wie LSD und Heroin in Gang setzen zu müssen. Die künstlerische Hervorbringung ist dann vor sich selbst und vor anderen die Entschuldigung für den auf lange Sicht dabei wirksamen Prozeß der Selbstzerstörung. Kerouacs Schicksal ist ein tragisches Beispiel für diese moderne Form psychischer Selbstzerstörung. Dabei darf man jedoch nicht übersehen, daß das Programm der spontanen Prosa, wie es von Kerouac vertreten und praktiziert worden ist, auch zu bemerkenswerten künstlerischen Errungenschaften geführt hat.
Das formale Gefängnis, aus dem Kerouac ausbrechen wollte und an dessen Gitterstäben er unbeirrt, wenngleich nicht immer mit Erfolg rüttelte, hat er in einem Essay beschrieben, das den Titel *Das letzte Wort* trägt:
»Meine Position in der gegenwärtigen Literaturszene ist ganz einfach die, daß ich es müde bin und genug davon habe, einen konventionellen englischen Satz zu schreiben, der in Bandeisen eingeschnürt daherkommt und den tatsächlichen Vorgängen in meinem Bewußtsein ganz einfach unangemessen ist. Nachdem ich erfahren hatte, was Freud und Jung lehrten, konnte ich mich nicht mehr auf diese Weise ausdrücken.«[10]
Viel ist in diesem Schlußkapitel von Scham und Schuldgefühlen die Rede gewesen. Es ist nicht zufällig, daß Kerouac auf formale Mittel sinnt – und diese auch findet –, mit denen der Autor unmittelbar zu der Wahrheit vorstößt, um die er auf dem Boden seiner Seele weiß.

»Scham scheint ein Schlüssel für Repression beim Schreiben wie bei psychologischen Erkrankungen zu sein. Wenn du nicht bei dem bleibst, was dir zuerst in den Sinn kommt, bei den Worten, die die Gedanken hervorriefen, hat es überhaupt keinen Sinn, sich auf das Schreiben einzulassen. Was für einen Sinn soll es haben, andere mit deinen kleinen Lügen zu behelligen? Was ich nun wirklich ›bestürzend in seiner Unlesbarkeit‹ finde, ist das geschäftige und ermüdende Lügen, das manche Autoren Handwerk und Revision nennen, aber bestimmt von fähigen Psychologen sehr leicht als Blockierung des spontanen mentalen Prozesses durchschaut wird...«[11]

Mit diesem Programm gelingt Kerouac eine höchst genaue poetische Vergegenwärtigung des amerikanischen Alltags. Als Beispiel könnte man viele Passagen aus *On the Road* anführen oder auch die von Allen Ginsberg in einem Vorwort zu *Visions of Cody* gerühmte Beschreibung über die Einsamkeit einer Cafeteria in Manhattan[12].

Eine weitere Errungenschaft ist jene Ehrlichkeit in der Darstellung widersprüchlicher Gefühle, die einen Roman wie *Maggie Cassidy* zu einer der schönsten modernen Liebesgeschichten unter Jugendlichen macht.

Und schließlich die intensiven Bildfolgen, wie man sie etwa in *October on the Railway Earth* (»Die Eisenbahnerde«) findet:

»Jetzt ist es Nacht in der Third Street die grellen kleinen Neonlichter und auch nackten gelben Birnen von unglaublichen Absteigen mit dunklen verwüsteten Schatten die sich hinter zerrissenen gelben Rollos bewegen wie ein degeneriertes China ohne Geld – die Katzen in Annies Hinterhof, die Absteige erwacht zum Leben, ächzt und stöhnt, die Straße wird von der Dunkelheit zugedeckt...«[13]

In Kerouacs Stimme liege ein Lachen, und auffällig sei ihre Nähe zum Dialekt in einer Weise, wie man das seit Mark Twain in der amerikanischen Literatur nicht mehr erlebt habe, schreibt John Tytell.[14]

Man ist versucht, die Beweisstellen mitzuliefern, aber da es viele, wenn auch nicht alle Bücher Jack Kerouacs in brauchbaren Übersetzungen gibt, soll es genügen, auf sie zu verweisen. Welch ein Leseabenteuer für den, der sie noch nicht kennt!

Es erwarten den Leser die vielfältigen Stimmen eines anderen Kontinents. Er wird hingeführt werden zu »den Ursprüngen der Freude in der Poesie«[15], denn über viele Seiten seiner Geschichten hin hat Jack Kerouac eingelöst, was er sich in einem (bisher nicht übersetzten) Gedicht vorgenommen hat:

Tagträume für Ginsberg
... ich werde sie
aufschreiben, alle Gespräche der Welt,
überall, heute morgen, offen laß ich
Abschnitte zum Einfügen
meiner eigenen, sie begleitenden
Gedanken – mit meinem Aufbrüllen,
ganz Hirn – vibrierend –
schreib ich sie hin, rasch, tausend Worte,
(von Seiten) zusammengepreßt in
eine Sekunde Zeit...[16]

Zeittafel

1922	Jean-Louis Lebris de Kerouac wird am 12. März in Lowell, Massachusetts, USA, geboren
1926	Jacks Bruder Gerard stirbt im Alter von neun Jahren
1939	Abschluß der High-School
1940	Besuch der Horace Mann Prep School in New York City
1940–41	Besuch der Columbia-Universität
1942–43	Zeit bei der Handelsmarine; Fahrt nach Grönland auf der *Dorchester;* Kurze Rückkehr nach Columbia; Hilfsarbeiter beim Bau des Pentagon
1943	Eintritt in die Kriegsmarine; als paranoid-schizophren entlassen; Reise nach Liverpool auf der *George Weems*
1944	Begegnung mit Lucien Carr, William Burroughs und Allen Ginsberg; 13. August: Kerouac wird in den Mordfall Kammerer/Carr verwickelt; Heirat mit Edie Parker; die Ehe dauert zwei Monate
1945	Arbeit mit Burroughs an dem Manuskript *And the Hippos Were Boiled in Their Tanks* (unveröffentlicht)
1946–48	Schreibt in New York *The Town and the City*
1946	Trifft Neal Cassady; Vater Leo stirbt an Magenkrebs
1947–50	Erste Tramp-Reisen mit Neal Cassady, die Kerouac später in *On the Road* (»Unterwegs«) beschreibt
1948/49	Bei seiner Schwester Caroline in Rocky Mount, North Carolina; erste Fassung von *On the Road*
1949	Reise mit Cassady nach Louisiana und San Francisco; Frühjahr: Bauarbeiter in San Francisco; Rückkehr mit Cassady nach New York
1950	Kerouacs erster Roman *The Town and the City* erscheint; Sommer: erster Aufenthalt (bei William Burroughs) in Mexico City; Heirat mit Joan Haverty; die Ehe dauert sechs Monate

1951 Schreibt auf einer Papierrolle in drei Wochen die Urfassung von *On the Road* (»Unterwegs«); Entdeckung des »Sketching«, jener Methode, aus der er später das »spontane Schreiben« entwickelt

1951–52 Schreibt das erst nach seinem Tod veröffentlichte Buch *Visions of Cody* in New York und San Francisco, wohnt und schreibt im Bodenzimmer des Hauses von Neal Cassady; Ausbildung als Eisenbahnarbeiter

1952 Schreibt *Doctor Sax* in Mexico City, *October in the Railroad Earth* (»Eisenbahnerde«) in San Francisco, beginnt in North Carolina *Book of Dreams* (»Traumtagebuch«); zweiter Aufenthalt in Mexico City

1953 Reist nach Kalifornien, arbeitet bei der Eisenbahn, heuert auf dem Schiff *William Carruth* an; schreibt in New York *Maggie Cassidy* und *The Subterraneans* (»Be-Bop, Bars und weißes Pulver«); das Manuskript von *The Essentials of Spontaneous Prose* entsteht

1954 Seit Anfang Februar wieder in Kalifornien in San José bei Cassady; Beginn seines Interesses am Buddhismus nach Lektüre von Ashvagosas *Das Leben Buddhas;* schreibt *San Francisco Blues* in San Francisco

1955 Umzug nach North Carolina mit der Mutter; Reise nach Mexico City, von dort nach Berkeley; trifft Gary Snyder; schreibt *Mexico City Blues* und beginnt *Tristessa* in Mexico City; kehrt nach North Carolina zurück

1956 Schreibt *Visions of Gerard* in North Carolina, den ersten Teil von *Desolation Angels* im Bundesstaat Washington, wo er als Feuerwächter im Forstdienst arbeitet, und in Mexico City; dort schließt er *Tristessa* ab und kehrt nach New York zurück

1957 Im Frühjahr: Reise nach Tanger, wo er Burroughs' *Naked Lunch* abschreibt und den Titel für das Manuskript findet; Reise nach Paris; Rückkehr über

England in die USA; entschließt sich, mit seiner Mutter nach Kalifornien zu gehen; *On the Road* (»Unterwegs«) erscheint. Im Herbst: Rückkehr nach New York; von dort nach Florida zu seiner Mutter; schreibt an *The Dharma Bums* (»Gammler, Zen und Hohe Berge«) in Florida

1958–60 Schreibt *Lonesome Traveller;* Text für den Film *Pull My Daisy*

1960 Reise nach San Francisco; Delirium in Ferlinghettis Hütte im Bixby Canyon (Big Sur)

1961 *Book of Dreams* erscheint; schreibt in Mexico City (Juli) *Desolation Angels* und *Big Sur* in Florida

1962 Umzug nach Northport zusammen mit der Mutter

1963 *Visions of Gerard,* das Erinnerungsbuch an den toten Bruder, erscheint

1964 Zusammentreffen mit Neal Cassady und Ken Kesey in New York

1965 Reise nach Frankreich; schreibt in Florida *Satori in Paris;* Umzug nach Hyannis, Massachusetts

1966 Heiratet Stella Sampas

1967 Schreibt *Vanity of Duluoz* (»Die Verblendung des Duluoz«); kehrt nach Lowell zurück

1968 Neal Cassady stirbt in Mexiko; Reise nach Spanien, Portugal und Deutschland; Umzug mit der Mutter und der Ehefrau nach St. Petersburg, Florida

1969 Am 21. Oktober stirbt Jack Kerouac in St. Petersburg, Florida

Quellenverzeichnis

On the Road (»Unterwegs«) – ein Roman erscheint

1 Allen Ginsberg, *Das Geheul und andere Gedichte,* übertragen von Wolfgang Fleischmann und Rudolf Wittkopf, Wiesbaden: Limes 1956, S. 6
2 Gerald Nicosia, *Memory Babe, A critical Biography of Jack Kerouac,* New York: Grove Press 1983, S. 554
3 ebd.
4 Jack Kerouac, *Engel, Kif und neue Länder,* Reinbek: Rowohlt 1971, rororo 1391, S. 181. © Melzer Prod. Verlagsgesellschaft GmbH, Dreieich
5 ebd., S. 183
6 nach der Verlagsankündigung von Viking Press
7 ebd.
8 Ann Charters, *Kerouac, A Biography,* London: André Deutsch 1973, S. 261
9 Zitiert nach John Tytell, *Naked Angels,* New York: Grove Press 1976, S. 61
10 Tom Clark, *Jack Kerouac,* San Diego, New York, London: Hartcourt Brace Jovanovich 1984, S. 164
11 ebd.
12 Ann Charters, a.a.O., S. 264
13 Zitiert nach John Tytell, a.a.O., S. 7
14 Archiv des Autors
15 Tom Clark, a.a.O., S. 165
16 Gerald Nicosia, *Memory Babe,* a.a.O.
17 *New Yorker,* 3. Mai 1958, S. 23
18 *New York Times Book Review,* 23. Februar 1958
19 Robert Brustein, *The Cult of Unthink,* Horizon 1, Frühjahr 1958, S. 41, und Norman Podhoretz, *The Know-Nothing Bohemians,* Partisan Review 25, S. 37
20 Jack Kerouac, *Aftermath, The Philosophy of the Beat Generation,* Esquire, März 1958, S. 24–26
21 *Mike Wallace Asks Jack Kerouac What is the Beat Generation,* New York Post, 1. Dezember 1958, S. 3
22 Allen Ginsberg, *Das Geheul und andere Gedichte,* a.a.O., hintere Umschlagseite

Die lange Straße hinauf

1 Lawrence Ferlinghetti, *Ein Coney Island des inneren Karussells,* Übersetzung Erika Gütermann, Wiesbaden: Limes, 1962, S. 63
2 Jack Kerouac, *Visions of Cody,* New York: McGraw-Hill Book Company 1960, S. 267
3 Jack Kerouac, *Maggie Cassidy,* Reinbek: Rowohlt 1980, rororo 4561, S. 84

4 Tom Clark, a.a.O., S. 34 und Jack Kerouac, *Die Verblendung des Duluoz,* Reinbek: Rowohlt 1975 rororo 1839, S. 13
5 Ann Charters, a.a.O., S. 16
6 Tom Clark, a.a.O., S. 33
7 Jack Kerouac, *Vanity of Duluoz,* New York: Coward-MacCann 1969, S. 75
8 Jack Kerouac, *Maggie Cassidy,* a.a.O., S. 126
9 Jack Kerouac, *Real Solid Drop Beat Riff in Land,* Horace Mann Record, 23. März 1940, S. 3
10 ebd.
11 Jack Kerouac, *Beat – Glückselig;* über den Ursprung einer Generation. In: Karl O. Paetel (Hrsg.), *Beat,* Reinbek: Rowohlt 1962, S. 28
12 ebd.
13 *Paris Review, Interviews,* 4. Serie, New York: 1974, S. 378. Aus Anlaß des Erscheinens von *The Subterraneans* hatten Allen Ginsberg und William Burroughs Kerouac gefragt: »Why don't you write a little brochure of instructions about how you write like you do?« Kerouac griff diese Anregung auf. Das Ergebnis waren die in *The Black Mountain Review* 7 (Herbst 1957) abgedruckten *Essentials of Spontaneous Prose,* die später in der *Evergreen Review* nachgedruckt wurden.
14 Allen Ginsberg, *Das Geheul und andere Gedichte,* a.a.O., S. 9
15 Tom Clark, a.a.O., S. 52
16 Gerald Nicosia, a.a.O., S. 104
17 ebd.
18 ebd., S. 106
19 John Tytell, a.a.O., S. 57
20 Jack Kerouac, *Big Sur,* Heyne: München 1984, S. 5
21 ebd.
22 Lawrence Ferlinghetti, *Ein Coney Island des inneren Karussells,* a.a.O., S. 52. Übers. d. Autors
23 Aussagen von Augenzeugen gegenüber dem Autor
24 Gerald Nicosia, a.a.O., S. 130
25 Jack Kerouac, *Unterwegs,* S. 7. © 1959 by Rowohlt Verlag GmbH, Hamburg
26 ebd., S. 8
27 ebd., S. 10
28 Allen Ginsberg, *Das Geheul und andere Gedichte,* a.a.O., S. 21
29 Jack Kerouac, *Unterwegs,* a.a.O., S. 21
30 ebd., S. 18
31 ebd., S. 16
32 Tom Clark, a.a.O., S. 82
33 Jack Kerouac, *Unterwegs,* a.a.O., S. 157. Die hier wiedergegebene Übersetzung entspricht etwas genauer dem Original: »Neal will leave you in the cold any time it's in his interest.«

34 ebd., S. 211
35 Jack Kerouac, Wie schreibe ich moderne Prosa? In: Kerouac, *Unterwegs,* a. a. O., S. 285. © 1959 by Rowohlt Verlag GmbH, Hamburg
36 Frederik Hetmann, *Amerika Saga,* Freiburg i. Br.: Herder 1965, S. 197
37 John Tytell, a. a. O., S. 140
38 *Irene, Good Night.* In: Frederik Hetmann, *Amerika singt,* Frankfurt/Main: Europäische Verlagsanstalt 1966, S. 136. Übers. d. Autors
39 Aufzeichnung eines beim Reisen abgeschabten Behältnisses. In: *Basho, The Narrow Road to the Deep North and Other Travel Sketches,* Penguin Books, L185, S. 77. Übers. d. Autors
40 Alan W. Watts, *Beat Zen, Square Zen and Zen,* San Francisco: City Light Books 1959, S. 17. Übers. d. Autors
41 ebd., S. 9
42 Thomas Parkinson, A Casebook on the Beat, New York: Thomas Y. Crowell Company 1961, S. 88. Übers. d. Autors
43 ebd.
44 Jack Kerouac, *Beat – Glückselig.* In: Karl O. Peatel, *Beat,* a. a. O., S. 29
45 ebd.
46 Dorothy Van Ghent, *The Wagner Literary Magazine,* Frühjahr 1959, S. 29f.
47 Cornelia Riedel betrachtet in ihrer Arbeit »*America, more often than not, is only a place in the mind* – zur dichotomischen Amerikakonzeption bei Richard Bräutigam« (Frankfurt/Main: Peter Lang 1985) die beiden real unvereinbaren Pole »American Dream vs. American Nightmare«, die der Autor in seiner Imagination harmonisiert. Die Spannung einer neuen Glücksuche und der Selbstzerstörung, die eben daraus resultiert, wäre ein sozialpsychologisches Kapitel in der Geschichte der nordamerikanischen Literatur im zwanzigsten Jahrhundert, das unter diesem Aspekt – soweit ich weiß – noch nicht untersucht worden ist.

Die kurze Straße hinab

1 Ann Charters, a. a. O., S. 281
2 ebd., S. 286
3 ebd.
4 Allen Ginsberg, *Howl,* Original Draft Facsimile, New York: Viking 1987, S. 174
5 Tom Clark, a. a. O., S. 192
6 Gerald Nicosia, a. a. O., S. 620
7 Jack Kerouac to Carolyn Cassady, 7. Januar 1962. In: *Dear Carolyn,* S. 28
8 Tom Clark, a. a. O., S. 201
9 Gerald Nicosia, a. a. O., S. 673
10 Ann Charters, a. a. O., S. 332

11 Gerald Nicosia, a.a.O., S. 673ff.
12 Jack Kerouac, *After Me The Deluge,* Chicago Tribune, 28. 9. 1969, Sonntagsmagazin, S. 3
13 ebd.
14 Tom Clark, a.a.O., S. 216
15 McClintock, *This is How the Ride Ends,* Esquire, März 1970, S. 138–139

Ein Blick zurück, die lange Straße entlang

1 Zitiert nach Tom Clark, a.a.O., S. 195
2 Zitiert nach John Tytell, a.a.O., S. 163
3 ebd.
4 Gerald Nicosia, a.a.O., S. 569
5 Jack Kerouac, *Beat – Glückselig.* In: Karl O. Paetel, *Beat,* a.a.O., S. 30
6 ebd., S. 32
7 Zitiert nach John Tytell, a.a.O., S. 210
8 ebd.
9 Mitteilung William S. Burroughs' zu Regina Weinrich, *The Spontaneous Poetics of Jack Kerouac – A Study of the Fiction,* Carbondale und Edwardsville: Southern Illinois University Press 1987, S. 148
10 Jack Kerouac, in: *The Last Word* (My position in the current American literary scene), Escapade, Juni 1959, S. 72
11 ebd.
12 Jack Kerouac, *Visions of Cody,* a.a.O., S. VII
13 Jack Kerouac, *Lonesome Traveller,* S. 44, rororo 4809. © 1981 by Rowohlt Taschenbuch Verlag GmbH, Reinbek bei Hamburg
14 John Tytell, a.a.O., S. 147
15 Siehe Jack Kerouacs Text in: Karl O. Paetel, *Beat,* a.a.O., S. 49
16 Jack Kerouac, *Daydreams for Ginsberg,* zitiert nach John Tytell, a.a.O., S. 147

Bibliographie

In der Bibliographie habe ich die von mir über zweiundzwanzig Jahre hin privat gesammelten Titel aufgeführt. Sie bilden eine durchaus nicht vollständige, aber für eine weitere Beschäftigung mit dem Thema hilfreiche Handbibliothek. Ich las zum erstenmal ein Buch von Jack Kerouac 1958 im Opelbad in Wiesbaden. Es war die amerikanische Taschenbuchausgabe von *On the Road,* die mir später abhanden gekommen ist. Von dem Lebensgefühl, das sich mir aus diesem Buch mitteilte, war ich damals so begeistert, daß ich sofort zu einer längeren Tramp-Fahrt in die Provence aufbrach.
Selbstverständlich ist mein Roman *Mit Haut und Haar* (München: Paul List 1961; Köln: Literarischer Verlag Braun 1978; München: Weismann-Frauenbuchverlag 1981) von Jack Kerouac beeinflußt worden.
Die erste Bibliographie zum Werk von Jack Kerouac stammt von Ann Charters (*A Bibliography of the Works of Jack Kerouac,* The Phoenix Book Shop 1976).

Veröffentlichungen von Jack Kerouac (amerikanische Originalausgaben) in chronologischer Reihenfolge, jeweils nachgestellt in Klammern die entsprechenden deutschsprachigen Ausgaben:

The Town and the City, New York: Hartcourt Brace 1950 (Unter dem Originaltitel, Rowohlt Taschenbuch 4971)

On the Road, New York: Viking 1957 (Unter dem Titel: Unterwegs, Rowohlt Taschenbuch 1035)

The Subterraneans, New York: Grove Press 1958 (Unter dem Titel: Be-Bop, Bars und weißes Pulver, Rowohlt Taschenbuch 4415)

The Dharma Bums, New York: Viking 1958 (Unter dem Titel: Gammler, Zen und Hohe Berge, Rowohlt Taschenbuch 1417)

»Essentials of Spontaneous Prosa«, Evergreen Review 2 No. 5 (Sommer 1958), Seite 72–73

»The Last Word« (My position in the current American literary scene), Escapade, Juni 1959, S. 72

»Belief and Technique for Modern Prose«, Evergreen Review 2 (Frühjahr 1959), S. 57

Doctor Sax, New York: Grove Press 1959 (Unter dem Originaltitel, Heyne Taschenbuch, Scene, 59)

Maggie Cassidy, New York: Avon Books 1959 (Unter dem Originaltitel, Rowohlt Taschenbuch 4561)

Mexico City Blues, New York: Grove Press 1959

Tristessa, New York: Avon Books 1960 (Unter dem Originaltitel, Rowohlt Taschenbuch 725)

Lonesome Traveller, New York: McGraw-Hill 1960 (Unter dem Originaltitel, Rowohlt Taschenbuch 4809)

Scripture of the Golden Eternity, New York: Totem/Corinth 1960
The Book of Dreams, San Francisco: City Light Books 1961 (Unter dem Titel: Traumtagebuch, Fischer Taschenbuch 5136)
Big Sur, New York: Farrar, Straus 1963 (Unter dem Originaltitel, Heyne Taschenbuch, Scene, 14)
Desolation Angels, New York: Coward-MacCann 1965 (Unter dem Titel: Engel, Kif und neue Länder, Rowohlt Taschenbuch 1391)
Satori in Paris, New York: Grove Press 1966 (Unter dem Originaltitel, dtv Taschenbuch Nr. 750)
»The Art of Fiction XLI: Jack Kerouac.« Interview by Ted Berrigan et al., Paris Review, 43 (Sommer 1968), Seite 61–103. Reprint in: »Writers at Work: The Paris Review Interviews«, 4th Serie, ed. by George Plimpton, S. 361–95. New York: Penguin 1974
Vanity of Duluoz: An Adventurous Education, 1935–46, New York: Coward-MacCann 1969 (Unter dem Titel: Die Verblendung des Duluoz, Rowohlt Taschenbuch 1839)
Pic, New York: Grove Press 1971
Scattered Poems, San Francisco: City Light Books 1971
Visions of Cody, New York: McGraw-Hill 1972
Two Early Stories, New York: Aloe Editions 1973
Old Angel Midnight, London: Bootlegger/Albion 1973
Trip Trap (Jack Kerouac, Albert Saijo and Lew Welch), Bolinas, Cal.: Grey Fox 1973
Heaven and Other Poems, Bolinas, Cal.: Grey Fox 1977
Dear Carolyn, Letters to Carolyn Cassady, ed. by Arthur and Kit Knight, volume 13 of the unspeakable visions of the individual, 1977

Benutzt und zitiert habe ich für den vorliegenden Text die folgenden Biographien und Werke über Jack Kerouac und die Beat-Generation:

Gertrude Betz, Die Beatgeneration als literarische und soziale Bewegung, untersucht am Beispiel von Jack Kerouacs The Subterraneans, The Dharma Bums und Desolation Angels, Bern, Frankfurt/Main, Las Vegas: Verlag Peter Lang 1977
William S. Burroughs, Junkie, Auf der Suche nach Yage, Naked Lunch, Nova Express, Frankfurt/Main 1978
Die wilden Boys, Die Städte der Roten Nacht, a. a. O.
Exterminator, Die letzten Worte des Dutch Schultz, a. a. O.
(Die vorstehenden Bücher sind die bisher veröffentlichten Bände einer bei Zweitausendeins erscheinenden Werkausgabe, hrsg. u. übers. von Carl Weissner.)
Western Lands, Roman, Frankfurt/Main, Berlin: Limes 1988
Carolyn Cassady, Heart Beat. Mein Leben mit Jack Kerouac und Neal Cassady, Rowohlt Taschenbuch 4542

Neal Cassady, Der Flügel des Engels, Autobiographie, Selbstzeugnisse, Briefe an Jack Kerouac, Fischer Taschenbuch 5264, Frankfurt/Main 1982
Chris Challis, Quest for Kerouac, London: Faber & Faber 1984
Ann Charters, Kerouac, A Biography, London: André Deutsch 1973
Tom Clark, Jack Kerouac, San Diego, New York, London: Hartcourt Brace Jovanovich 1984
Morris Dickstein, Gates of Eden – American Culture in the Sixties, New York: Basic Books 1977
Gene Feldman & Max Gartenberg (ed.), The Beat Generation and the Angry Young Man, New York: Dell Books 1958
Barry Gifford and Lawrence Lee, Jacks Book – An Oral Biography of Jack Kerouac, New York: St. Martin's Press 1978
John Clellon Holmes, Go, a novel, New York: Thunder's Mouth 1988
Charles E. Jarvis, Visions of Kerouac – The Life of Jack Kerouac, Lowell, Mass.: Ithaca Press 1973
Arthur and Kit Knight: Kerouac and the Beat – A Primary Sourcebook, New York: Paragon House 1988
Seymour Krim, The Beat, Greenwich, Conn. 1960
David Meltzer (ed.), golden gate – interviews with 5 san francisco poets, Originaltitel, The San Francisco Poets, Berkeley: First Wingbow 1976
Barry Miles, Ginsberg, A Biography, New York: Simon and Schuster 1989
Ted Morgan, Literary Outlaw – The Life and Times of William S. Burroughs, New York: Henry Holt and Company 1988
Gerald Nicosia, Memory Babe. A critical Biography of Jack Kerouac, New York: Grove Press 1983
Karl O. Paetel (Hrsg.), Beat – Eine Anthologie, Reinbek: Rowohlt 1962; Neuausgabe Augsburg: Maro Verlag 1988
Thomas Parkinson (ed.), A Casebook on the Beat, New York: Thomas Y. Crowell Company 1961
Paul Portugés, The Visionary Poetics of Allen Ginsberg, Santa Barbara: Ross-Erikson 1978
Gary Snyder, Landschaften des Bewußtseins – Gespräche und Reden, München: Trickster 1984
Gabriele Spengemann, Jack Kerouac: Spontaneous Prose – Ein Beitrag zur Theorie und Praxis der Textgestaltung von On the Road und Visions of Cody, Bern, Frankfurt, New York: Peter Lang 1980
John Tytell, Naked Angels – The Lives and Literature of the Beat Generation, New York: Grove Press 1976
Alan W. Watts, Beat Zen, Square Zen and Zen, San Francisco: City Light Books 1959
Regina Weinstein, The Spontaneous Poetics of Jack Kerouac – A Study of the Fiction, Carbondale and Edwardsville: Southern Illinois University Press 1987

Wichtige Lyrikbände aus der Beat-Generation:

Allen Ginsberg, The Howl and Other Poems, San Francisco: City Light Books 1956

Howl, Original Draft Facsimile, Transcript and Variant Versions, New York: Viking Press 1987

Das Geheul und andere Gedichte, Wiesbaden: Limes 1956

Planet News, Gedichte, München 1969

Collected Poems 1947–1980, New York: Harper and Row 1988

Lawrence Ferlinghetti, Pictures of the Gone World, San Francisco: City Light Books 1958

A Coney Island of the Mind, London: Hutchinson 1959

Ein Coney Island des inneren Karussells, Wiesbaden: Limes 1962

Gedichte, München: Hanser 1980

Endless Life: Selected Poems, New York: New Directions 1981

Der Autor dankt Elinor Kirsch für die kritische Durchsicht des Manuskripts und Anregungen zu seiner Gestaltung, Cornelia Krutz-Arnold für ihr einfühlsames und engagiertes Lektorat, Cornelia Riedel, M. A., für einige schwer zu beschaffende Bücher, Buchhändlern und Freunden in den USA für die Mitteilungen von Erinnerungen an Jack Kerouac, den Verlagen für die freundliche Abdruckerlaubnis der Zitate aus den Romanen des Autors.

Bildnachweis

(1, 5) Courtesy Carolyn Cassady; (2, 3, 4, 6, 7, 8, 10) Allan Ginsberg, New York; (9) Ann Charters

Die Fotos von Allan Ginsberg wurden dem Band »Reality Sandwiches«, Verlag Dirk Nishen, Berlin 1989 entnommen. Wir danken dem Herausgeber Michael Köhler und dem Verlag für die freundliche Hilfe.

Bücher von Frederik Hetmann

Als der große Regen kam
Märchen & Geschichten der amerikanischen Schwarzen. Mit Bildern von Frank Ruprecht. 156 Seiten, Gulliver-Taschenbuch (78061)

Bettina und Achim
Die Geschichte einer Liebe. 200 Seiten, Pappband (80813)

Drei Frauen zum Beispiel
Die Lebensgeschichte der Simone Weil, der Isabel Burton und der Karoline von Günderrode. 168 Seiten, Broschur (80626)

Georg B.
Die Geschichte des Dichters & Revolutionärs Georg Büchner. Erzählung mit Dokumenten. 164 Seiten, Broschur (80631)

»Ich habe sieben Leben«
Die Geschichte des Ernesto Guevara, genannt Che. Fotografik von Günther Stiller. 224 Seiten, Pappband (80210)
Deutscher Jugendbuchpreis

Rosa L.
Die Geschichte der Rosa Luxemburg und ihrer Zeit. Mit dokumentarischen Fotos. 308 Seiten, Pappband (80814)
Auswahlliste Deutscher Jugendbuchpreis

Weißes Pferd, schwarzer Berg
Kindergeschichten aus Irland. Mit Bildern von Sabine Friedrichson. 64 Seiten, Gulliver-Taschenbuch (78003)
Auswahlliste Deutscher Jugendbuchpreis

Biographien

Irmela Brender
Vor allem die Freiheit
Die Lebensgeschichte der George Sand
112 Seiten mit Bildern (80670)

Heiner Feldhoff
Vom Glück des Ungehorsams
Die Lebensgeschichte des Henry David Thoreau
112 Seiten mit Fotos (80683)

Frederik Hetmann
Schlafe, meine Rose
Die Lebensgeschichte der Elisabeth Langgässer
112 Seiten mit Fotos (80668)

Frederik Hetmann
So leicht verletzbar unser Herz
Die Lebensgeschichte der Sylvia Plath
112 Seiten mit Fotos (80681)

Charlotte Kerner
Lise, Atomphysikerin
Die Lebensgeschichte der Lise Meitner
Ausgezeichnet mit dem Deutschen Jugendliteraturpreis
140 Seiten mit Fotos (80664)

Charlotte Kerner
Seidenraupe, Dschungelblüte
Die Lebensgeschichte der Maria Sibylla Merian
112 Seiten mit Bildern (80675)

Beltz & Gelberg
Beltz Verlag, Postfach 10 01 54, 6940 Weinheim

Biographien

Michail Krausnick
Hungrig!
Die Lebensgeschichte des Jack London
96 Seiten (80652)

Monika Pelz
»Nicht mich will ich retten!«
Die Lebensgeschichte des Janusz Korczak
Auswahlliste zum Deutschen Jugendliteraturpreis
116 Seiten (80666)

Margret Steenfatt
Ich, Paula
Die Lebensgeschichte der Paula Modersohn-Becker
140 Seiten mit Bildern (80646)

Werner Steinbeiß
Der Geschmack der Erde
Die Lebensgeschichte des Federico García Lorca
112 Seiten mit Fotos (80674)

Arnulf Zitelmann
»Widerrufen kann ich nicht«
Die Lebensgeschichte des Martin Luther
144 Seiten (80643)

Arnulf Zitelmann
»Ich will donnern über sie!«
Die Lebensgeschichte des Thomas Müntzer
176 Seiten mit Bildern (80684)